邮票上的苏州

SUZHOU ON STAMPS

郑炜 编著

苏州大学出版社
Soochow University Press

郑 炜

中华全国集邮联合会会士

国家级邮展评审员

苏州市集邮协会副会长

世界集邮展览大镀金奖获得者

谨以此书

献给

苏州获批历史文化名城四十周年

苏州国家历史文化名城保护区成立十周年

弘扬传统文化
助力文旅發展

题赠《邮票上的苏州》
杨利民

杨利民
中华全国集邮联合会第七届会长

郑炜：用邮票为苏州“代言”

——序《邮票上的苏州》

王宏伟

郑炜是一位让很多集邮者心生“妒忌”的人，不仅是因为他年轻、帅气，也不仅是因为他拥有中华全国集邮联合会会士等多种头衔，而是因为他作为苏州市集邮协会副会长所拥有的时时、处处宣传苏州的精神！

在2020年1月5日《庚子年》生肖邮票首发式上，郑炜编组的一个题为“邮票上的苏州”的邮集闪亮登场，让到场的领导、嘉宾和集邮者耳目一新。“编组‘邮票上的苏州’邮集，把世界各国和地区发行的所有与苏州有关的邮票汇集在一起，这是我一直想做的一件事。”看见展厅里的人兴致盎然地观看“邮票上的苏州”邮集，郑炜得意地笑了。

如今，仅仅过了不到两年的时间，郑炜又有大动作，他将他编组的“邮票上的苏州”邮集来了一个华丽转身，编撰成同名的《邮票上的苏州》一书出版。该书汇集了于全世界亮相的苏州题材的193套、518枚邮票，为天堂苏州涂抹出一道以邮票拼图的美丽彩虹。可喜可贺！

郑炜深知用国家正式发行的邮资凭证、被誉为“国家名片”、具有艺术欣赏和收藏价值的邮票来为苏州“代言”的意义。“邮票选题是国家行为，严肃慎重，一般是具有本民族特色的，最重要、最典型、最美好和最高水平、最值得纪念的事物，才会展示在邮票上！”郑炜对邮票权威性、科学性和社会影响力的评价一口气说出了5个“最”。郑炜意犹未尽地表示，一个国家每年发行邮票的数量有限，能进入这个方寸世界并不容易。

苏州不愧为历史文化名城和人文荟萃、风物清嘉之地。郑炜此次编撰的《邮票上的苏州》一书，对与苏州相关题材的邮票经过了深层次的发掘，既有集邮者熟悉的、家喻户晓的、中国邮政发行的诸如“留园”“拙政园”“昆曲”“虎丘”“枫桥”“大运河”“横塘驿”等邮票，也有集邮者不太知晓的、甚至闻所未闻的“缂丝”“唐寅”“香山帮”“苏氏旗袍”“苏派盆景”“苏作红木家具”等邮票。郑炜坦言：“与苏州相关题材的邮票并不是往常集邮者所说的几十套，经过我的多年的寻寻觅觅，与苏州相关题材的邮票可谓扑面而来。这在世界城市中恐不多见，在中国也许只有北京可比了，而且在不断地研究中这个数字还在增加。”

郑炜介绍，《邮票上的苏州》展品分为“世界文化遗产”“名胜景观”“传统技艺”“人事春秋”“文学艺术”“传说故事”“城市发展”“特色花果动物”8个章节，来展示所有正式发行的、与苏州相关的邮票；来解读苏州，解读一个粉墙黛瓦、美丽韵致而又充满梦想和激情的城市。“这是我的家乡，谁不说家乡好！”这是作为苏州人的郑炜特别得意的地方。

郑炜收集与苏州题材相关的邮票记不得用了多少年了，遴选编组“邮票上的苏州”邮集用了一年多的时间，同时参阅了《斯科特邮票目录》《中国集邮报》《集邮》《苏州集邮》《苏州邮缘》等大量文献资料。在距离开展还有一个月的最后冲刺阶段，郑炜几乎每天晚上都在书房里挑灯制作至凌晨，每张展片都是自己设计、排版、打印，然后裁切护邮袋，装入邮票后再一枚枚裱贴到展片……“此次历时近两年编撰《邮票上的苏州》一书，虽然我忙得又是一塌糊涂，身体状态接近崩溃，但我还是坚持了下来，也在其中体会到了无与伦比的享受和快乐。”郑炜又得意地笑了。

“我喜欢邮票，喜欢苏州，我深知我正生活在一个‘春风得意’的时代。‘春风得意马蹄疾’，我希望《邮票上的苏州》一书出版后，把‘邮票上的苏州’邮票展示给江苏，展示给全国，展示给世界，用邮票为苏州‘代言’……”郑炜如是说。

是为序。

（本文作者系《中国集邮报》主任记者、中华全国集邮联合会会士）

邮读姑苏城

——读郑炜的《邮票上的苏州》记

李近朱

（一）

记得，最早认识苏州是幼时咏读唐诗名句：“姑苏城外寒山寺，夜半钟声到客船。”

接着，在20世纪中叶的大学时代，第一次到了苏州且在虎丘塔下见到了苏轼笔迹碑刻，竟以树叶的郁绿拓下了“苏东坡”三字“签名”。不过，那时只是人到姑苏的匆匆过客，来不及领略这城的全貌和神态。

直到我在中央电视台参与拍摄《话说长江》，特别是《话说运河》时，方有机缘住在苏州多日，在江河城旁，在采访和拍摄中，看到了和认知了这座美丽城池的更多更深的信息，感受了和感悟了这座名城的更深更美的蕴涵。那时，随着镜头我几乎走遍了苏州。

那是20世纪80年代，在我从走近到走进苏州的时刻，也正是我以及整个集邮界恢复集邮的时候。那时，虽也有了一些关于苏州题材的邮票，但还未及收集到和收集全。于是，便把盖销有“苏州”字样的邮戳以实寄封片方式，留存了下来。那时，看到信封上有“苏州”二字，便觉得已是一个很好的以邮记行的纪念了。殊不知，后来仅只以邮戳计，就有了纪念邮戳、风景邮戳、邮资机戳等更多样品类；更不必说姑苏又在邮票上有多少次闪亮的登场了。

这便是我的最初的苏州游旅与邮游。

（二）

近年来，不知道又有多少次到过苏州，更是多了对于以苏州为题材的邮票发行的知悉与搜集。但是，作为对这座在我心中和在中国、在世界的视野里已然成为名城的览胜记忆，却还是没有形成一个准确的全面的深入的感性感受与理性认知。

于是，我想起了一句老话，叫作“读万卷书，行万里路”。这个“行”本身，总是离不开“读”的。

于是，我又想到了，历来中国画论中有“读画”一说。其实，对于一座城市，特别是一座美丽的城市，那是不仅需要看的，还需要去“读”的。

尽管说，任何城市都有可“读”之处，但几近半个世纪的我的姑苏之行，却并未“读”懂“读”透苏州。因为，我之所读在于碎片化、感性化，没有从一个有引导性的高站位和大视角“更上一层楼”，以极目姑苏名城。当然，这也就把我对这座城的感性喜爱，往往只停留在了历数家珍一般地说说拙政园、聊聊水城门、谈谈观前街、侃侃虎丘塔或是听听老昆曲而已。

其实，对于苏州的认识也是可以从这一个个小小亮点切入的。但感性的感受以至理性的认知，却远不止此。在对于苏州有了丰富的充分的感触之后，必须去思忖它究竟是一个什么样的城市。这个定位，既是从苏州存在的既有优势中来，又是基于由此而产生的权威评价，并不仅仅是我们个人零碎的感性的甚至是挂一漏万的认知。

这时，我看到了一个特殊的“读本”。这是一部图文并茂的有思路的读物，那就是郑炜先生以集邮形式创作编组的邮集《邮票上的苏州》。打开这个“读本”，开宗明义，首先就提出了一个重要的命题，那就是“世界文化遗产”。

（三）

具有近2 500年历史的姑苏城，以深厚的历史和文化积淀，已成为中国的“历史文化名城”。这个评价本身，就包括了以邮票所彰显的一个重要荣誉，那就是“世界文化遗产”。这部以邮集形式构成的图书，开篇提出的“世界文化遗产”概念，是以中国和世界各地发行的邮票为据为基的，明确了这个概念所包括的价值取向——具有一定历史意义，与人类生活息息相关，存在具有历史价值的文物，即物质的和非物质的文化遗产。

在步入“邮票上的苏州”之前，这个重要的概念实质上是对一个城市的最重要定位。有了这个定位，人们对于感性的观览的任何一个视觉存在，都会提升性的去认识其厚重的价值，而不仅仅是表层的徜徉于山水器物之间。因此，我将其谓之为“解读”苏州的一个“指南”。

郑炜先生的这部书，恰恰没有从远古的姑苏故事说起，而是很有新意地、高屋建瓴地从价值起笔。这就仿佛让我们在开始“读城”之际，一下子就站在了一个“会当凌绝顶”的高度。这个高度，不妨碍我们对于姑苏的微观事物的深入体验，恰正可以让我们更深入更准确地在感受中去认知这座城市。

“世界文化遗产”这个概念开门见山的前置，就是以此为前提，定位了叙说“邮票上的苏州”故事的独特之处。

在大数据、信息化的当下，对于具体的信息，无论是文档的还是图像的，获取以及详细获取，都不是困难的事情。因此，“解读”苏州这座名城的课题，重要的不在于信息本身，而在于“解读”什么和如何“解读”。因此，前置定位，突出价值，高屋建瓴地洞悉信息的本质，则是“解读”的前提和要义。

（四）

从历史、文化、人物、经济等领域来看苏州，来读苏州，因着有了“历史文化名城”和“世界文化遗产”的视角，郑炜先生在细化了的各领域、各界域中，布局了他多年精心搜集的丰富的中外邮票。这个主题的视角不仅仅是苏州本身，还时时处处与“名城”“遗产”这两个标准关照对应。

这部邮著运用了193套、518枚中外邮票，除开篇“世界文化遗产”外，还以7个部分，将苏州的“名胜景观”“传统技艺”“人事春秋”“文学艺术”“传说故事”“城市发展”“特色花果动物”，尽现于文图之中。

于是，《邮票上的苏州》便几乎涵盖了苏州几千年以来的各域经典。以古典园林来说，最早由新中国第一代设计大师孙传哲先生设计的《留园》邮票，先声夺人的形成了这一主题经典系列的样板之作。此后的“拙政园”“网师园”等中国邮票以及境外发行的邮票，在第一套苏州古典园林邮票的启迪和引领下，更重以中华传统文化的精神，用中国的笔法与色彩，传达了苏州传统建筑的气韵与风范。就是境外邮票上的这项“中国事物”，其设计之风依然因题材的决定而鲜明彰显出了中国风度。

从苏州主题的邮票来看，尽数诸多的如遗迹、名胜、景观等物质文化遗产，以及如昆曲、苏绣、宋锦等非物质文化遗产，系统地出现在了这部邮集编就的苏州“读本”中。

这些邮票犹如一个小小画廊，将大美姑苏的全部精彩，框印在了一枚枚同样精致的邮票上。无疑，这是一部苏州的视觉影像的特殊观览。实际上，这部旨在推介和宣传苏州的图书，是因姑苏历史文化的辉彩，是因苏州今日的现代发展成就，而走上邮票天地。同时，又因为邮票的特殊身份和自身特点，而让人们走近了和走进了这座著名城池。因此，在以苏州为题的诸多书籍中，这一本因有邮票而成为“特殊”。“特殊”之处就在于，邮票是一个特殊的载体，邮票是一种特殊的语言，邮票是一种特殊的存在方式。

（五）

1840年诞生的邮票，迄今已有近200年历史了。它的特殊性就在于它是塑造一个国家形象的权威载体。作为国家机构邮政部门所发行的“邮资凭证”，作为流通于世界的方寸使者，它以广阔而生动的宣传优势，在世人面前亮出一个国家的形貌和风范。因此，“国家名片”的称谓非常鲜明而深刻地道出了邮票的实质。

《邮票上的苏州》这部书，旨在以邮票“解读”苏州。虽然邮票上关于苏州的主题较之于苏州本身不可能全面涵盖，但作为“国家名片”的邮票，在选题上则必须择重、择精、择强，将最能够体现苏州本质特征的主题纳于其间。这个选择本身，也就提升性地展示了苏州的全部精华、精彩与经典。

邮票设计本身就是一次艺术创作。在方寸尺幅中，大到置河山、城池、园林等于其间，小到将声腔的吟唱、丝缕的编织、温馨的涂抹等刻画在微型画幅上，特别是还有创造了苏州辉煌历史的和近现代的人物等，更体现出了邮票设计所蕴含的文化、艺术、技术的含量，很是专业，很为深邃。

从根本上说，邮票设计的高下，关系到对于苏州形象高质量高水平的表达。因此，在郑炜先生所编组的邮集中，可以见到邮票设计大师的佳作，也可以见到设计精美精湛的佳品展陈。在这部书中，邮票的精彩是“解读”苏州的一个关键元素。

以邮票的这个特殊的“语言”来叙说“苏州故事”，就是这部苏州“读本”的特色。因此，读到这部书的读者，既要从“读本”中看到苏州的古今形象，也要去了解邮票的特征，认知这个在信息时代很可能会消亡的特殊载体所蕴含的文化、文物、文明的特质。就像对待苏州历史文化遗产一样，我们也要看到这个在现代大数据时代的传统通信载体的深厚内涵。

郑炜先生的《邮票上的苏州》一书，站在“世界文化遗产”与中国“历史文化名城”的高度，撷取在权威的“国家名片”上所记载的苏州古今诸多领域的经典遗存以及辉煌成就，将一座苏州人、江苏人以及所有中国人皆引以为傲的魅力名城，展现给了世人。让大家在观览中，在赏析中，在解读中，欣赏发展着的苏州形象和中国形象。与邮票一样，在“邮读”姑苏城中，这部邮著也是一张苏州和中国的亮丽“名片”。

2021年11月3日于北京

（本文作者系中华全国集邮联合会会士、中华全国集邮联合会第六届副会长、《中国集邮史》主编、中央电视台高级编辑）

《邮票上的苏州》编委会

苏州市姑苏区政协文化文史委员会
苏州市姑苏区政协联谊会

主　任

蔡炳锋

副主任

相　炎　周建华　朱依东　欧阳睿

曹　源　张　广　荣曙文　华建文

主　编

郑　炜

编　委

许培强　谢　芳　杨宏明　王　依

黄新国　朱晋苏　熊繁荣

前言

邮票是国家正式发行的邮资凭证，被誉为“国家名片”，具有艺术欣赏和收藏价值。

邮票选题是国家行为，严肃慎重，一般是具有本民族特色的，最重要、最典型、最美好和最高水平、最值得纪念的事物，具有权威性、科学性和一定的社会影响力。一个国家每年发行的邮票数量有限，能进入这个方寸世界并不容易。

苏州不愧为历史文化名城和人文荟萃、风物清嘉之地，据不完全统计，苏州题材的邮票至少有193套518枚，数量之多，在全国城市中恐不多见。

本部邮著分世界文化遗产、名胜景观、传统技艺、人事春秋、文学艺术、传说故事、城市发展和特色花果动物等部分，展示了与苏州相关的邮票，通过邮票来解读苏州，解读一个粉墙黛瓦、美丽韵致而又充满梦想和激情的城市。

The stamp is a postage certificate officially issued by the country. It is known as the “National Business Card” and has an art appreciation and collectable value.

The selection of stamp topic is an act of the country, and it is serious and prudent. It typically portrays a representation of the culture’s unique features. It possesses the most important, the most typical, the most glorious and the highest level of the most memorable events with authoritative, scientific and social influences. The number of stamps issued per year by the country is limited, and therefore it is not easy to be present in the square inch of the world.

Suzhou has proven itself to be a famous historical, cultural city and a home to the talents, the land of Qingjia. According to the incomplete statistics, there are at least 193 sets 518 pieces of stamps on the theme of Suzhou, which are rare among all cities in the country.

This stamp collection is divided into world cultural heritage, scenic spots, traditional skills, art and literature, personnel renewal, legends, urban development, flowers and animals, and other relevant chapters reflecting the stamps related to Suzhou. This stamp collection is to uncover Suzhou, uncover the white wall and black tiles, and uncover a beautiful city full of dreams and passions.

目录

目录

第一部分

世界文化遗产

一级目录：世界文化遗产

二级目录：联合国教科文组织与中国文化遗产日　　**邮票编号：10101**

文化遗产日

中国文化遗产日是每年6月的第二个星期六，为中国文化建设的重要主题之一。截至2019年2月，苏州共有2项世界物质文化遗产和6项世界非物质文化遗产。世界物质文化遗产分别是苏州古典园林（9个园林）和中国大运河苏州段（4个河道和7个景点），世界非物质文化遗产分别是中国昆曲、中国古琴、宋锦、缂丝、苏州端午和苏州香山帮。这些世界遗产主要分布于苏州古城内，共计26个世界遗产点，苏州是名副其实的遗产城市，同时也是中国世界遗产点最多的城市。

主题：文化遗产日
邮票名：《文化遗产日》
发行国家或地区：中国　　**志号：**2016－13
发行时间：2016年6月11日
全套枚数：2　　**与苏州相关枚数：**2
相关票名：《非物质文化遗产》《文化遗产》
关联内容：相关题材

一级目录： 世界文化遗产

二级目录： 联合国教科文组织与中国文化遗产日

邮票编号：
10102 10103

联合国教科文组织

联合国教育科学及文化组织于1946年成立，总部设在巴黎，是联合国在国际教育、科学和文化领域成员最多的专门机构。《世界遗产名录》是1976年世界遗产委员会成立时创立的，世界遗产委员会隶属于联合国教科文组织。联合国教科文组织于1972年正式通过了《保护世界文化和自然遗产公约》（简称《公约》），其目的是保护世界文化和自然遗产。中国于1985年加入《公约》，1999年当选为世界遗产委员会成员。截至2018年7月2日，中国有世界遗产53处，包括苏州园林和中国大运河苏州段。

主题： 联合国教科文组织
邮票名：《联合国教科文组织成立》
发行国家或地区： 法国
发行时间： 1946年
全套枚数： 1　**与苏州相关枚数：** 1
相关票名：《联合国教科文组织徽志》
关联内容： 相关题材

主题： 联合国教科文组织
邮票名：《巴黎联合国教科文组织大楼落成》
发行国家或地区： 法国
发行时间： 1958年
全套枚数： 2　**与苏州相关枚数：** 2
相关票名：《联合国教科文组织新大楼落成》
关联内容： 相关题材

一级目录：世界文化遗产

二级目录：联合国教科文组织与中国文化遗产日

邮票编号：
10104 10105 10106

联合国教科文组织

主题：联合国教科文组织
邮票名：《联合国教科文组织成立十五周年》
发行国家或地区：韩国
发行时间：1961年
全套枚数：1（小型张） **与苏州相关枚数：**1
相关票名：《联合国教科文组织徽志》
关联内容：相关题材

主题：联合国教科文组织
邮票名：《联合国教科文组织成立二十周年》
发行国家或地区：日本
发行时间：1966年
全套枚数：1 **与苏州相关枚数：**1
相关票名：《联合国教科文组织徽志》
关联内容：相关题材

主题：联合国教科文组织
邮票名：《联合国教科文组织成立四十周年》
发行国家或地区：苏联
发行时间：1986年
全套枚数：1 **与苏州相关枚数：**1
相关票名：《联合国教科文组织徽志》
关联内容：相关题材

一级目录：世界文化遗产

二级目录：物质文化遗产　　　　　　　　　　邮票编号：10201

留园

留园建于明代，为我国四大名园之一，邮票画面分别选取了曲溪楼、远翠阁、涵碧山房、冠云峰四处景观，描绘了留园春、夏、秋、冬四季景色。

主题：留园
邮票名：《苏州园林——留园》
发行国家或地区：中国　　**志号：**T56
发行时间：1980年10月15日
全套枚数：4　　　　**与苏州相关枚数：**4
相关票名：《春到曲溪楼》《远翠阁之夏》《涵碧山房秋色》《冠云峰晴雪》
关联内容：所在地

一级目录：世界文化遗产

二级目录：物质文化遗产　　　　邮票编号：10202

留园

为了祝贺在北京举行的“中国’96——第9届亚洲国际集邮展览”，密克罗尼西亚于1996年5月15日发行了《苏州园林》邮票小型张1枚，图案以“留园”为主景。当天，在苏州举行了隆重的首发仪式。这枚小型张由我国邮票设计师阎炳武设计。

主题：留园
邮票名：《苏州园林——留园》
发行国家或地区：密克罗尼西亚
发行时间：1996年5月15日
全套枚数：1（小型张）　**与苏州相关枚数：**1
相关票名：《留园》
关联内容：所在地

一级目录：世界文化遗产

二级目录：物质文化遗产　　　　　　　　　　邮票编号：10203

留园

主题：留园
邮票名：《中国世界遗产》
发行国家或地区：索马里
发行时间：2010年
全套枚数：9　　与苏州相关枚数：1
相关票名：《留园》
关联内容：所在地

一级目录：世界文化遗产

二级目录：物质文化遗产　　　　邮票编号：10301

拙政园

为了展示中国园林艺术的风貌，邮电部曾于1980年发行了《苏州园林——留园》特种邮票。时隔四年后，孙传哲再施笔墨，梅开二度，又设计完成了这套《苏州园林——拙政园》邮票。拙政园邮票的艺术特色与留园迥然有别，鸟瞰式的图卷，精细的线描，将拙政园的环廊荷池与亭台楼轩等展现得淋漓尽致。

拙政园是苏州最大的一处园林，也是苏州园林的代表作，始建于明正德初年。东花园开阔疏朗，中花园是全园精华所在，西花园建筑精美，各具特色。园南为住宅区，体现典型江南地区传统民居多进的格局。全园以水为中心，山水萦绕，厅榭精美，花木繁茂，具有浓郁的江南水乡特色。

主题： 拙政园
邮票名： 《苏州园林——拙政园》
发行国家或地区： 中国　　　　**志号：** T96
发行时间： 1984年6月30日
全套枚数： 4　　　　**与苏州相关枚数：** 4
相关票名： 《宜两亭前望倒影楼》《枇杷园景物》
《小沧浪水院》《远香堂与倚玉轩》
关联内容： 所在地

一级目录：世界文化遗产

二级目录：物质文化遗产　　　　　　　　　　邮票编号：10302

拙政园

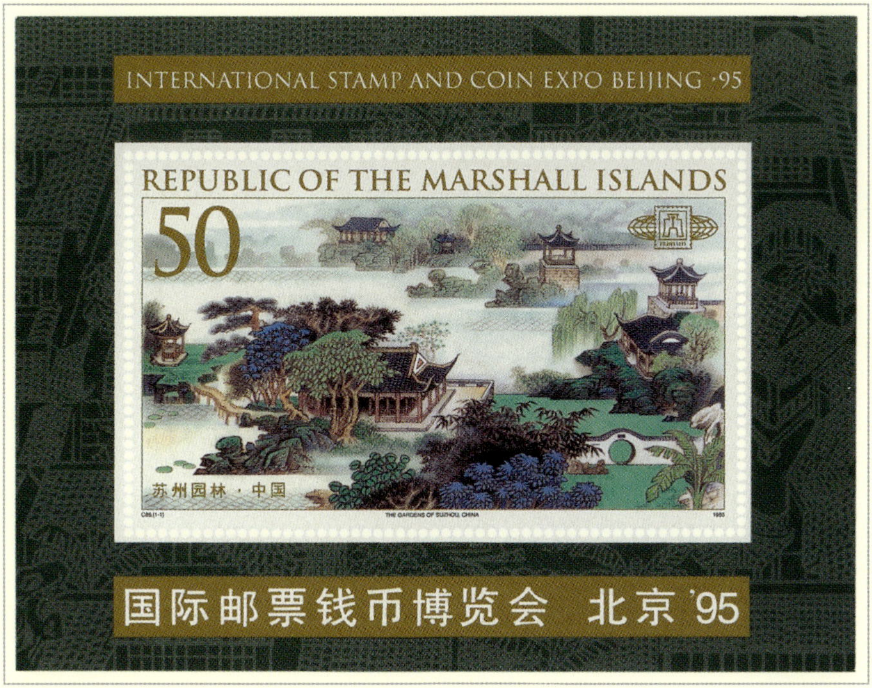

马绍尔群岛发行的这枚小型张是为祝贺在北京举行的“国际邮票钱币博览会 北京’95”而发行的，印有中文“苏州园林 · 中国”字样，面值50美分。图案以拙政园为主景，配以其他园林景色，为中国杨文清先生所设计，由美国万国首日封公司印刷。

主题： 拙政园
邮票名： 《苏州园林 · 中国》
发行国家或地区： 马绍尔群岛
发行时间： 1995年9月12日
全套枚数： 1（小型张）　**与苏州相关枚数：** 1
相关票名： 《拙政园》
关联内容： 所在地

一级目录：世界文化遗产

二级目录：物质文化遗产 **邮票编号：10401**

网师园

继孙传哲设计了《苏州园林——留园》《苏州园林——拙政园》这两套邮票之后，苏州版画家劳思设计完成了《苏州园林——网师园》邮票。这套四连一体的邮票亦以精细的线条，并以全景式的艺术绘写手法，将网师园这片精巧的天地呈现于方寸之间。

网师园，是苏州典型的府宅园林。它地处苏州旧城东南隅葑门内阔家头巷，后门可达十全街，地方志记载为带城桥阔家头巷11号。现为姑苏区友谊路南侧。全园布局紧凑，建筑精巧，空间尺度比例协调，以精致的造园布局、深蕴的文化内涵、典雅的园林气息，当之无愧地成为江南中小古典园林的代表作品。

主题：网师园
邮票名：《苏州园林——网师园》
发行国家或地区：中国　　**志号：**2003-11
发行时间：2003年6月19日
全套枚数：4　　**与苏州相关枚数：**4
相关票名：《殿春簃》《月到风来亭》
《竹外一枝轩》《万卷堂》
关联内容：所在地

一级目录：世界文化遗产

二级目录：物质文化遗产 　　　　　　　　　　**邮票编号：10402**

网师园

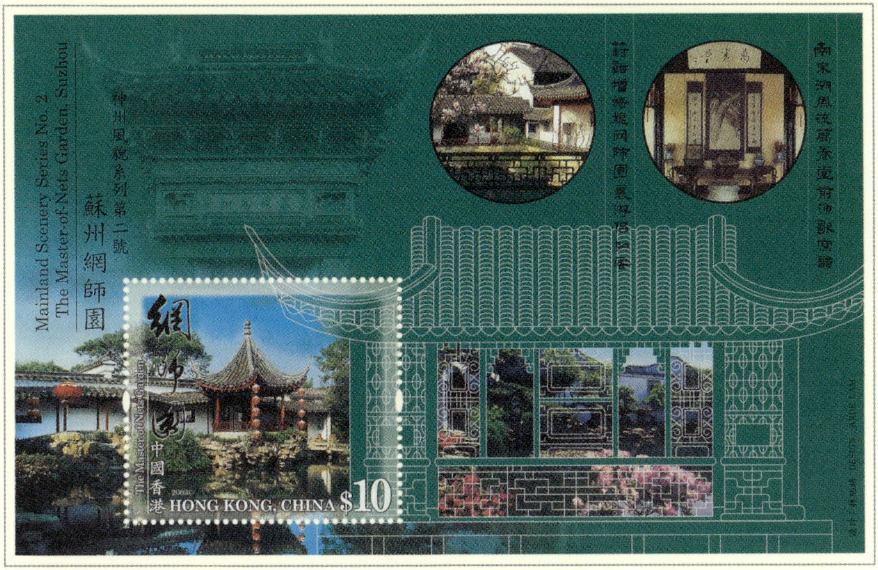

2003年6月27日，中国香港邮政发行了《神州风貌系列第二号——苏州网师园》。这枚小型张是由林炳培设计的，由荷兰以平版调频网印刷，背胶上带有单色印刷。邮票的背面印着“苏州网师园一览”，是用简笔画画成的。在邮票背面画上网师园的全景，这在邮票设计上是非常独特的。

邮票的主图是“月到风来亭”。“月到风来亭”位于园内彩霞池西，三面环水，取意于宋人邵雍“月到天心处，风来水面时”，这是园林之亭的文人雅意所在。主图旁用简笔画画出园内的建筑，使得后面的网师园的景色很有层次感，在设计上独具匠心。

主题：网师园
邮票名：《神州风貌系列第二号——苏州网师园》
发行国家或地区：中国香港
发行时间：2003年6月27日
全套枚数：1（小型张）　　**与苏州相关枚数：**1
相关票名：《网师园》
关联内容：所在地

一级目录：世界文化遗产

二级目录：物质文化遗产　　邮票编号：10501

京杭大运河苏州段

1962年，邮电部发行第一套4枚《中国古桥》邮票，其中，长虹卧波的五十三孔宝带桥展现于方寸之间，这是苏州历史上第一次上邮票的古建筑。

宝带桥坐落在苏州城南，建成于唐代元和年间，结构繁复但又轻盈、奇巧、多姿，是中国现存的古代桥梁中桥孔最多、最长的一座，有连续五十三个桥孔。在月明中天之际，每个桥洞下都倒映出月影于湖面，犹如一串珍珠随波起伏。

主题：宝带桥
邮票名：《中国古代建筑——桥》
发行国家或地区：中国　　**志号：**特50
发行时间：1962年5月15日
全套枚数：4　　**与苏州相关枚数：**1
相关票名：《苏州宝带桥》
关联内容：所在地

一级目录：世界文化遗产

二级目录：物质文化遗产　　　　　　　　　邮票编号：10502

京杭大运河苏州段

京杭大运河流经苏州段有82千米，虽然运河苏州段里程不足全长的5%，但毋庸置疑，这是京杭大运河最精彩的一段。京杭大运河苏州段不仅像一条美丽的珠链串起两岸众多的文化遗迹，而且她仍在直接发挥着巨大的经济效益，作为航道运输的原始使用价值并没有因为时代向前发展而受到损害。

2009年9月26日，为展现中华民族历史悠久的文化象征和遗产，国家邮政局发行了《京杭大运河》特种邮票，其中小型张为“千里通波”。主图为扬州镇国寺塔周边及高邮湖景色，下面边饰为大运河沿途的苏州盘门等。

主题：盘门
邮票名：《京杭大运河》
发行国家或地区：中国　　　**志号：**2009-23
发行时间：2009年9月26日
全套枚数：6+1（小型张）　**与苏州相关枚数：**1
相关票名：《千里通波》
关联内容：所在地

一级目录：世界文化遗产

二级目录：物质文化遗产　　　　邮票编号：10503

京杭大运河苏州段

1996年10月9日，根据中国、新加坡两国邮政部门的协商，为增进两国邮政事业交流，宣传各自的城市特色，中国邮电部与新加坡邮政部门联合发行了《城市风光》特种邮票，全套2枚。(2-2) 为“苏州盘门”。画面为苏州“门、桥、塔”组成的“盘门三景”全貌景色。盘门位于苏州古城的西南角，“盘门三景”即瑞光塔、吴门桥和盘门城楼。始建于春秋 (前514)，重建成于元末。城楼为1986年年初夏重建。盘门是苏州古城唯一保存完整的水陆城门，它由两道水关、三道陆门和瓮城相互组合而成。

主题：盘门
邮票名：《城市风光》
发行国家或地区：中国（与新加坡联合发行）　**志号：**1996-28
发行时间：1996年10月9日
全套枚数：2　**与苏州相关枚数：**1
相关票名：《苏州盘门》
关联内容：所在地

一级目录：世界文化遗产

二级目录：物质文化遗产　　　　　　　　　　　邮票编号：10504

京杭大运河苏州段

主题：盘门

邮票名：《城市风光》

发行国家或地区：新加坡（与中国联合发行）

发行时间：1996年10月9日

全套枚数：2+1（小全张）　**与苏州相关枚数：**2

相关票名：《苏州盘门》

关联内容：所在地

一级目录：世界文化遗产

二级目录：非物质文化遗产　　　　邮票编号：10601

昆曲

昆曲又名昆腔、昆山腔、昆剧，发源于14世纪中国苏州太仓的南码头，据史料记载形成于元末明初，距今已有六百余年的历史，是我国传统戏曲中最古老的剧种之一，是戏曲艺术中的珍品，被称为戏曲百花园中的一朵“兰花”。昆曲是明代中叶至清代中叶戏曲中影响最大的声腔剧种，很多剧种是在昆曲的基础上发展起来的，有“中国戏曲之母”的雅称。被列入世界非物质文化遗产名录。

主题： 昆曲
邮票名： 《昆曲》
发行国家或地区： 中国　　**志号：** 2010-14
发行时间： 2010年6月12日
全套枚数： 3　　**与苏州相关枚数：** 3
相关票名： 《浣纱记》《牡丹亭》《长生殿》
关联内容： 传承地

一级目录：世界文化遗产

二级目录：非物质文化遗产　　　　　　　　　　　　邮票编号：10602

昆曲

中国邮政发行的《文化遗产日》邮票第一枚的左上位置印有“昆曲”图案。

主题：昆曲
邮票名：《文化遗产日》
发行国家或地区：中国　　**志号**：2016-13
发行时间：2016年6月11日
全套枚数：2　　**与苏州相关枚数**：1
相关票名：《非物质文化遗产》
关联内容：传承地

一级目录：世界文化遗产

二级目录：非物质文化遗产

昆曲

《牡丹亭》是昆曲的重要曲目之一。明代文学家、戏剧家汤显祖的代表作品，原名《还魂记》，创作于万历二十六年（1598）。昆曲《牡丹亭》原剧五十五出，是昆坛盛演不衰、一直流传至今的剧目。

主题：昆曲
邮票名：《中国古典文学名著——牡丹亭》
发行国家或地区：中国　　**志号：**T99
发行时间：1984年10月13日
全套枚数：4+1(小型张)　　**与苏州相关枚数：**5
相关票名：《闺塾》《惊梦》《写真》《婚走》《游园》（小型张）
关联内容：传承地

邮票编号：10603

一级目录：世界文化遗产

二级目录：非物质文化遗产　　　　邮票编号：10604

昆曲

主题：昆曲

邮票名：《文学与人物——牡丹亭》

发行国家或地区：中国澳门

发行时间：2012年11月30日

全套枚数：6+1（小型张）　**与苏州相关枚数：**7

相关票名：《重游寻梦》《写真遗愿》《冥判回阳》《幽媾圆梦》
《回生私婚》《圆驾庆聚》《游园惊梦》（小型张）

关联内容：传承地

一级目录：世界文化遗产

二级目录：非物质文化遗产　　　　　　邮票编号：10701

古琴

常熟在中国古琴艺术发展史上具有重要的地位。常熟古称琴川，是我国著名古琴流派“虞山派”的发源地。虞山琴派名扬天下，其代表人物严天池更被称为“一代琴宗”，“虞山派”也被视为“古音正宗”。2004年，常熟被联合国教科文组织授予“古琴之乡”荣誉。

主题：古琴

邮票名：《古琴与钢琴》

发行国家或地区：中国（与奥地利联合发行）　**志号：**2006-22

发行时间：2006年9月26日

全套枚数：2　　　　**与苏州相关枚数：**1

相关票名：《古琴》

关联内容：传承地

一级目录：世界文化遗产

二级目录：非物质文化遗产　　　　邮票编号：10801

苏州端午民俗

苏州民间习俗中的端午节是为了纪念春秋时期吴国名将伍子胥，这是苏州最为盛大的民间节日之一，有包粽子、赛龙舟、挂菖蒲、戴香囊、挂钟馗像驱鬼等传统项目。2009年，苏州端午习俗作为中国端午节的四处重要传承地之一被列入世界非物质文化遗产名录。

主题： 苏州端午民俗
邮票名： 《端午节》
发行国家或地区： 中国　　**志号：** 2001-10
发行时间： 2001年6月25日
全套枚数： 3　　**与苏州相关枚数：** 3
相关票名： 《赛龙舟》《包粽子》《避五毒》
关联内容： 重要传承地

一级目录：世界文化遗产

二级目录：非物质文化遗产　　　　邮票编号：10802 10803 10804

苏州端午民俗

主题：苏州端午民俗
邮票名：《香港节日》
发行国家或地区：中国香港
发行时间：1975年7月31日
全套枚数：3　　**与苏州相关枚数：**1
相关票名：《端午节》
关联内容：重要传承地

主题：苏州端午民俗
邮票名：《中国传统节日》
发行国家或地区：中国香港
发行时间：1994年6月8日
全套枚数：4　　**与苏州相关枚数：**1
相关票名：《端午节》
关联内容：重要传承地

主题：苏州端午民俗
邮票名：《香港国际体育活动》
发行国家或地区：中国香港
发行时间：1995年3月22日
全套枚数：4　　**与苏州相关枚数：**1
相关票名：《赛龙舟》
关联内容：重要传承地

一级目录：世界文化遗产

二级目录：非物质文化遗产

苏州端午民俗

主题：苏州端午民俗
邮票名：《端午节》
发行国家或地区：中国香港
发行时间：1985年6月19日
全套枚数：4+1（小全张）　**与苏州相关枚数：**5
相关票名：《龙舟竞渡》
关联内容：重要传承地

邮票编号：10805

端午節
DRAGON BOAT FESTIVAL 1985
In the past fishing communities competed each year in dragon boat races to commemorate the patriotism of Chú Yuen, a Chinese poet, who drowned himself in a river in protest against a corrupt government in the 4th Century BC. The dragon boat races of today attract a wide international field and have become one of the most colourful festivals in Asia.
古時，漁民每年均舉行龍舟競渡，以紀念屈原的愛國精神。
緣公元前四世紀年間，楚國政府腐敗無能，此愛國詞人不爲時用，遂憤而投江。
時至今日，龍舟競渡已成國際賽事，爲亞洲最多姿多采節日之一。
HONG KONG 香港 40c
HONG KONG 香港 $1
HONG KONG 香港 $1.30
HONG KONG 香港 $5

一级目录：世界文化遗产

二级目录：非物质文化遗产

苏州端午民俗

主题：苏州端午民俗
邮票名：《龙舟竞渡》
发行国家或地区：中国香港（与澳洲联合发行）
发行时间：2001年6月25日
全套枚数：2+1（小全张）　　与苏州相关枚数：3
相关票名：《龙舟竞渡》
关联内容：重要传承地

邮票编号：10806

主题：苏州端午民俗

邮票名：《龙舟竞渡》

发行国家或地区：澳大利亚（与中国香港联合发行）

发行时间：2001年6月25日

全套枚数：1（小全张）　　与苏州相关枚数：1

相关票名：《龙舟竞渡》

关联内容：重要传承地

一级目录：世界文化遗产

二级目录：非物质文化遗产　　邮票编号：10807

苏州端午民俗

主题：苏州端午民俗
邮票名：《香港节日》
发行国家或地区：中国香港
发行时间：2012年5月22日
全套枚数：4　与苏州相关枚数：1
相关票名：《端午节》
关联内容：重要传承地

主题：苏州端午民俗
邮票名：《端午节》
发行国家或地区：中国澳门
发行时间：1987年
全套枚数：2　与苏州相关枚数：2
相关票名：《龙舟竞渡》《龙舟龙头》
关联内容：重要传承地

一级目录：世界文化遗产

二级目录：非物质文化遗产　　　　　　　　　邮票编号：10901

苏州宋锦

宋锦，因其主要产地在苏州，故又称“苏州宋锦”。宋锦色泽华丽，图案精致，质地坚柔，被赋予中国“锦绣之冠”，它与南京云锦、四川蜀锦一起，被誉为我国的“三大名锦”。2006年，宋锦被列入第一批国家级非物质文化遗产名录。传承单位为苏州丝绸博物馆，钱小萍为国家级非物质文化遗产项目代表作传承人。此套邮票由宋锦工艺制作，海地发行，苏州制作，发行2 500套。

主题： 宋锦（宋锦工艺邮票）
邮票名：《2008北京奥运会会徽和吉祥物福娃》
发行国家或地区： 海地（苏州制作）
发行时间： 2007年
全套枚数： 6　　　　**与苏州相关枚数：** 6
相关票名：《2008北京奥运会会徽和吉祥物福娃》
关联内容： 邮票制作地

一级目录：世界文化遗产

二级目录：非物质文化遗产　　　　邮票编号：11001

苏州缂丝

缂丝是中国丝织业中最传统的一种挑经显纬，极具欣赏性和装饰性的丝织品。自宋元以来一直是皇家御用织物之一，常用以织造帝后服饰、御真（御容像）和摹缂名人书画。苏州缂丝画与杭州丝织画、永春纸织画、四川竹帘画并称为中国的“四大家织”。2006年5月，苏州缂丝织造技艺入选第一批国家级非物质文化遗产名录；2009年9月，缂丝又作为中国蚕桑丝织技艺入选世界非物质文化遗产名录。缂丝凤穿牡丹团花，使用局部冷烫工艺，再现了团花“通经断纬”的高超技艺。

主题：苏州缂丝
邮票名：《凤（文物）》
发行国家或地区：中国　　　**志号：**2017-17
发行时间：2017年7月29日
全套枚数：6　　　　**与苏州相关枚数：**1
相关票名：《明·缂丝凤穿牡丹团花》
关联内容：传承地

一级目录：世界文化遗产

二级目录：非物质文化遗产 **邮票编号：11002**

苏州缂丝

《梅鹊图》的制作人沈子蕃为苏州人，南宋缂丝艺师，缂丝作品以书画作品粉本，设色较为高雅古朴。《梅鹊图》是故宫博物院的十大馆藏之一。

主题：苏州缂丝
邮票名：《梅鹊图》
发行国家或地区：马里
发行时间：2017年
全套枚数：1 **与苏州相关枚数：**1
相关票名：《沈子蕃缂丝<梅鹊图>》
关联内容：制造地

一级目录：世界文化遗产

二级目录：非物质文化遗产　　　　　　　　**邮票编号：11101**

香山帮传统建筑营造技艺——蒯祥

蒯祥，天安门的设计者，明代建筑匠师，香山帮传统建筑营造技艺的代表人物，生于明太祖朱元璋洪武三十一年（1398），卒于明宪宗朱见深成化十七年（1841），江苏吴县鱼帆村人（今属江苏苏州）。

主题：香山帮传统建筑营造技艺——蒯祥
邮票名：《庆祝中国人民政治协商会议第一届全体会议》
发行国家或地区：中国　　　　**志号：**纪1
发行时间：1949年10月8日
全套枚数：4　　　　**与苏州相关枚数：**4
相关票名：《天安门》
关联内容：设计者出生地

一级目录：世界文化遗产

二级目录：非物质文化遗产　　　　　　　　　　邮票编号：11102

香山帮传统建筑营造技艺——蒯祥

蒯祥参加或主持多项重大的皇室工程，景泰七年（1456）任工部左侍郎。负责建造的主要工程有北京皇宫（1417）、皇宫前三殿、长陵（1413）、北京西苑（今北海、中海、南海）殿宇（1460）等。

主题：香山帮传统建筑营造技艺——蒯祥
邮票名：《首都名胜》
发行国家或地区：中国　　　**志号：**特15
发行时间：1956年6月15日
全套枚数：5　　　**与苏州相关枚数：**3
相关票名：《天安门》《太和殿》《北海》
关联内容：设计者出生地

一级目录：世界文化遗产

二级目录：非物质文化遗产　　邮票编号：11103

香山帮传统建筑营造技艺

香山帮是一个以苏州市吴中区胥口镇为地理中心，以木匠领衔，集泥水匠、漆匠、堆灰匠、雕塑匠、叠山匠、彩绘匠等古典建筑工种于一体的建筑工匠群体。他们将建筑技术与建筑艺术巧妙结合起来，创出了中国建筑史上的重要一脉——“香山帮”，后来，以香山帮模式建造的房子，就叫“苏派建筑”。北京故宫、天安门、颐和园等杰出建筑作品，均出自“香山帮”工匠之手。

主题：香山帮传统建筑营造技艺
邮票名：《和平解放西藏》
发行国家或地区：中国　　**志号**：纪13
发行时间：1952年3月15日
全套枚数：4　　**与苏州相关枚数**：1
相关票名：《布达拉宫》
关联内容：设计者出生地

一级目录：世界文化遗产

二级目录：非物质文化遗产 邮票编号：11104

香山帮传统建筑营造技艺

紫禁城是明清时期皇家园林艺术的精华，是中国保存最完整的宫殿式建筑群，香山工匠建造了这座旷烁古今的建筑。

主题：香山帮传统建筑营造技艺
邮票名：《故宫博物院建院六十周年》
发行国家或地区：中国 **志号：**J120
发行时间：1985年10月10日
全套枚数：4 **与苏州相关枚数：**4
相关票名：《丹阙凌云》《太和晴旭》《乾坤交泰》《琼苑春晖》
关联内容：设计者出生地

一级目录：世界文化遗产

二级目录：非物质文化遗产

香山帮传统建筑营造技艺

紫禁城的建造也成了香山帮兴盛极致的佳作，蒯祥很自然地把江南建筑风格带进北京城，使其融为一体。蒯祥被皇帝尊称为“蒯鲁班”，官至工部左侍郎，成为香山帮的鼻祖。香山帮建筑具有色调和谐、结构紧凑、制造精巧和布局机变的特点。可谓技术精湛，名享天下，代代相传。

邮票编号：11105

主题： 香山帮传统建筑营造技艺
邮票名： 《故宫博物院》
发行国家或地区： 中国　　　**志号：** 2015－21
发行时间： 2015年10月10日
全套枚数： 4　　　　　**与苏州相关枚数：** 4
相关票名： 《午门》（白玉镂雕龙凤璧）、《太和殿》（水鼎）、
《角楼》（清明上河图）、《乾清门》（青花釉里红开光镂花盖罐）
关联内容： 设计者出生地

第二部分

名胜景观

一级目录：名胜景观

邮票编号：20101

虎丘

1981年9月1日至1983年12月2日，我国发行了普21“祖国风光”普通邮票，这是第一次以“祖国风光”命名的普通邮票。全套共17枚。虎丘普票面值5分，规格为26mm×31mm,图案是虎丘中心风景区。从该票中可领略苏州虎丘在全国风景名胜中的重要地位。

虎丘位于苏州古城西北角，有2 500多年的悠久历史。有“吴中第一名胜”“吴中第一山”的美誉，宋代大诗人苏东坡曾写下“尝言过姑苏不游虎丘，不谒闾丘，乃二欠事”的千古名言。

主题：虎丘
邮票名：《祖国风光——虎丘》
发行国家或地区：中国　　**志号:**普21
发行时间：1983年9月1日
全套枚数：17　　**与苏州相关枚数：**1
相关票名：《虎丘》
关联内容：所在地

一级目录：名胜景观

邮票编号：20201

枫桥

《中国石桥——拱桥》特种邮票一套4种，图案分别为江苏苏州枫桥、河南临颍县小商桥、北京卢沟桥、云南建水县双龙桥，均为我国著名的拱桥。枫桥位于寒山寺西铁铃关前，跨古京杭运河南北走向段。据传旧时皇粮北运，经该河段时禁止其他船只通行，故原称“封桥”。桥是半圆形单孔石拱桥，原也不大出名，只因唐代张继一首《枫桥夜泊》诗，枫桥同寒山寺一起名声远播，名闻中外。原桥始建确切年代不详，现桥为清乾隆三十五年（1770）重建，咸丰十年（1860）被毁，同治六年（1867）又再建，1984年大修。

主题： 枫桥
邮票名： 《中国古桥——拱桥》
发行国家或地区： 中国　　**志号：** 2003-5
发行时间： 2003年3月29日
全套枚数： 4　　**与苏州相关枚数：** 1
相关票名： 《枫桥》
关联内容： 所在地

一级目录：名胜景观

邮票编号：20301

姑苏驿

1990年11月28日，为纪念中华全国集邮联合会第三次代表大会召开，邮电部发行了《中华全国集邮联合会第三次代表大会》纪念邮票，全套小型张1枚。小型张图案以苏州古代驿站横塘驿亭为主图，四周用宝石蓝色衬底，四周饰以古代铜器上的鱼形铭文。这是新中国邮票上第一次出现的古驿站。

横塘驿站位于胥江和大运河交界处，是苏州通往石湖、太湖等地的水路要隘。原是一座驿站，为古代传递官府文书及往来官吏中途歇宿之所。现仅存一亭，其他馆、楼、庑、台已不复见。

主题：姑苏驿
邮票名：《中华全国集邮联合会第三次代表大会》
发行国家或地区：中国　　**志号：**J174M
发行时间：1990年11月28日
全套枚数：1（小型张）　　**与苏州相关枚数：**1
相关票名：《姑苏驿》
关联内容：所在地

一级目录：名胜景观

邮票编号：20401

北寺塔报恩寺梅圃

北寺塔是三国时吴主孙权为乳母陈氏所建通玄寺，梁时建通玄寺塔，是苏州历史最悠久的寺院，城内规模最大的佛教丛林。北寺塔东北隅原有后花园，内有北斗山、大同塔、昭三墓、水池等，由于历史原因而面目全非。1978年建了一座自然式风景山水园林，称“梅圃”。

主题：北寺塔报恩寺梅圃
邮票名：《联合国教科文组织》
发行国家或地区：法国
发行时间：2009年
全套枚数：2　　　　**与苏州相关枚数：**1
相关票名：《北寺塔报恩寺梅圃》
关联内容：所在地

一级目录：名胜景观

水乡古镇——周庄、同里、甪直

《水乡古镇》邮票包含了江南水乡6个古镇，其中周庄、同里、甪直属于苏州。周庄隶属昆山，是一座江南小镇，有“中国第一水乡”之誉，是国家首批AAAAA级景区。周庄始建于北宋元祐元年（1086），因邑人周迪功先生捐地修全福寺而得名。同里隶属吴江区，宋代建镇。镇区内始建于明清两代的花园、寺观、宅第和名人故居众多，“川”字形的15条小河把古镇区分隔成七个小岛，而49座古桥又将其连成一体，以“小桥、流水、人家”著称。甪直隶属苏州吴中区，具有2 500年历史的江南水乡古镇，水多，桥多，巷多，古宅多，名人多。主要的景点有保圣寺、叶圣陶纪念馆、江南文化园等。

主题：水乡古镇——周庄、同里、甪直
邮票名：《水乡古镇》
发行国家或地区：中国　　　**志号：**2001-5
发行时间：2001年4月7日
全套枚数：6　　　**与苏州相关枚数：**3
相关票名：《周庄》《同里》《甪直》
关联内容：所在地

邮票编号：20501

80分
CHINA 中国邮政
2001－5
昆山周庄
(6－1) T

80分
CHINA 中国邮政
2001－5
吴江同里
(6－2) T

80分
CHINA 中国邮政
2001－5
吴县甪直
(6－5) T

一级目录：名胜景观

邮票编号：20601

太湖

太湖位于长江三角洲的南缘，古称震泽、具区，又名五湖、笠泽，是中国五大淡水湖之一，横跨苏、浙两省，北临无锡，南濒湖州，西依宜兴，东近苏州。

太湖湖泊面积为2 427.8平方千米，水域面积为2 338.1平方千米，湖岸线全长393.2千米。其西和西南侧为丘陵山地，东侧以平原及水网为主。太湖东、北、西沿岸和湖中诸岛，为吴越文化发源地，有大批文物古迹遗存。

《太湖》邮票是我国第一次全部采用以人民币“分”作为面值单位的邮票，是南京师范大学副教授范杨的图稿。“太湖”邮票共6枚，第一枚邮票“洞庭山色”，面值20分，图案就是东山、西山的金秋美景。

主题：太湖
邮票名：《太湖》
发行国家或地区：中国　　　　**志号：**1995－12
发行时间：1995年7月20日
全套枚数：5+1（小型张）　**与苏州相关枚数：**1
相关票名：《太湖·洞庭山色》
关联内容：所在地

邮票编号：20602

太湖

除苏州园林为世人瞩目外，苏州古城和水乡古镇风貌同样魅力无穷。1978年邮电部发行了一套题目为《水乡新貌》的国画五连张邮票。画面是根据苏州太湖胥口及四周水乡一带实景写意而成。那葱郁的青山，网状交错的水田、河道以及烟波浩渺的太湖，在这5张连张邮票画面中浑然一体，呈现一派水乡新貌。

主题：太湖
邮票名：《水乡新貌》
发行国家或地区：中国　　　**志号：**T34
发行时间：1978年11月3日
全套枚数：5　　　**与苏州相关枚数：**5
相关票名：《机器插秧》《喷灌》《选种》《五业兴旺》《喜送公粮》
关联内容：所在地

一级目录：名胜景观

邮票编号：20603

太湖

苏州太湖湿地公园坐落在“人间天堂”苏州市区西部的镇湖，西枕太湖，东接东渚，南连光福，规划总面积4.6平方千米，一期对外开放2.3平方千米，投资近4亿元。

主题：太湖湿地公园
邮票名：《长江经济带》
发行国家或地区：中国　　**志号：**2018-23
发行时间：2018年8月26日
全套枚数：6　　**与苏州相关枚数：**1
相关票名：《共抓大保护》（苏州太湖湿地公园）
关联内容：所在地

邮票编号：20701

江苏民居

江苏民居邮票图案是江南特别是苏州一带的民居，实景在苏州饮马桥。苏州城内，河渠交错，水港纵横，密如蛛网。据有关史料记载，宋时河道总长度达82千米。河道与街道平行，商号店铺，密集两岸。意大利旅行家马可·波罗把苏州与他的故乡威尼斯相提并论，称苏州为“东方威尼斯”。

主题： 江苏民居
邮票名：《江苏民居》
发行国家或地区： 中国　　**志号：** 普23
发行时间： 1986年10月15日
全套枚数： 14　　**与苏州相关枚数：** 1
相关票名：《江苏民居》
关联内容： 所在地

一级目录：名胜景观

长江

长江发源于青藏高原的唐古拉山脉各拉丹冬峰西南侧，是中华民族的母亲河，全长6 300余千米。《长江》邮票采用故宫博物院藏品绘画作为主图。内容分别为大江东去、山水重庆、三峡奇观、楚湘临江、庐山水韵、黄山独秀、金陵春晓、江畔水乡、东流入海。其中第八枚票图(江畔水乡)中有苏州虎丘和沧浪亭等。

主题：长江[（江畔水乡（虎丘、沧浪亭）]
邮票名：《长江》
发行国家或地区：中国　　**志号：**2014-20
发行时间：2014年9月13日
全套枚数：9　　**与苏州相关枚数：**1
相关票名：《江畔水乡》（虎丘、沧浪亭）
关联内容：所在地

邮票编号：20801

一级目录：名胜景观

长江

中国·澳门邮政《祖国山河——长江》

2016年中国澳门特别行政区邮政发行了《祖国山河——长江》邮票，同中国邮政发行的《长江》同图。

主题：长江
邮票名：《祖国山河——长江》
发行国家或地区：中国澳门
发行时间：2016年7月17日
全套枚数：9　　**与苏州相关枚数：**1
相关票名：《江畔水乡》（虎丘、沧浪亭）
关联内容：所在地

邮票编号：20802

第三部分

传 统 技 艺

一级目录：传统技艺

桃花坞木版年画

桃花坞年画是江南地区的民间木版年画，因曾集中在苏州城内桃花坞一带生产而得名。桃花坞年画源于宋代的雕版印刷工艺，由绣像图演变而来，到明代发展成为民间艺术流派，清代雍正、乾隆年间为鼎盛时期。桃花坞年画的印刷兼用着色和彩套版，主要表现吉祥喜庆、民俗生活、戏文故事、花鸟蔬果和驱鬼避邪等中国民间传统审美内容。2006年5月20日，桃花坞年画经国务院批准列入第一批国家级非物质文化遗产名录。

主题：桃花坞木版年画
邮票名：《桃花坞木版年画》
发行国家或地区：中国　　　　**志号：**2004−2
发行时间：2004年1月14日
全套枚数：4+1（小全张）　**与苏州相关枚数：**5
相关票名：《琵琶有情》《麒麟送子》《刘海戏金蟾》《十美踢球图》
关联内容：制造地

邮票编号：30101

桃花坞
木版年画
TAOHUAWU MUBAN NIANHUA
中国邮政
80分
CHINA
2004-2
琵琶有情
(4-1) T
80分
麒麟送子
(4-2) T
80分
刘海戏金蟾
(4-3) T
2元
十美踢球图
(4-4) T
售价：6元

一级目录：传统技艺

邮票编号：30102

桃花坞木版年画

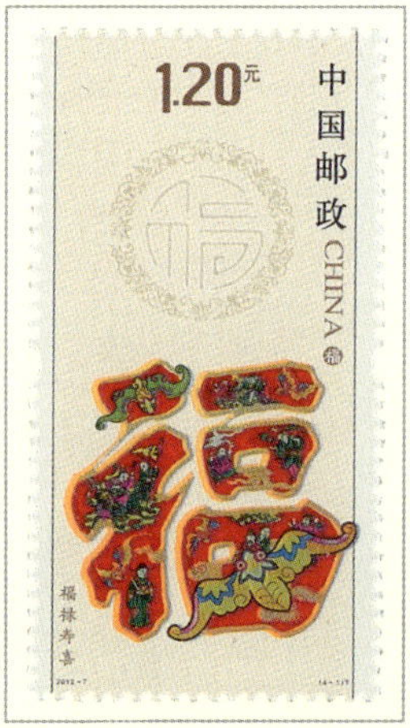

《福禄寿喜》邮票是一套弘扬中华民族传统文化，贴近民众、雅俗共赏的邮票佳作。《福禄寿喜》特种邮票全套4枚，分别以中国书法“福、禄、寿、喜”四个字为主体，配以相关的传统吉祥元素。其中“福”字采用的是苏州桃花坞木版年画图案。

主题：桃花坞木版年画
邮票名：《福禄寿喜》
发行国家或地区：中国　　**志号：**2012-7
发行时间：2012年4月27日
全套枚数：4+1（小全张）　**与苏州相关枚数：**1
相关票名：《福》
关联内容：制造地

邮票编号：30201

苏州刺绣

苏州刺绣发源于苏州。苏州女子性情柔和，心灵手巧，擅长慢针细活。据考证，苏州刺绣已有3 000年的历史，自春秋时期开始就已形成了一定的规模。随着南方经济和文化的不断发展，到了宋代，苏州由于栽桑养蚕业的蓬勃发展而成为丝绸之乡，城乡手工作坊林立，机房鳞次栉比，夫络妻织，刺绣得到空前发展，呈现出一派繁荣景象，各种苏绣品也逐渐从日常用品发展为观赏品。

主题：苏州刺绣
邮票名：《工艺美术》
发行国家或地区：中国　　**志号：**T29
发行时间：1978年8月26日
全套枚数：10 +1（小全张）　**与苏州相关枚数：**1
相关票名：《小猫头》（刺绣）
关联内容：制造地

一级目录：传统技艺

邮票编号：30203

苏州刺绣

主题：苏州刺绣
邮票名：《文武官补服绣一》
发行国家或地区：中国澳门
发行时间：1996年9月18日
全套枚数：4　　　　　　**与苏州相关枚数：**4
相关票名：《文武官补服绣》
关联内容：传承制造地

一级目录：传统技艺

邮票编号：30204

苏州刺绣

主题：苏州刺绣

邮票名：《文武官补服绣二》

发行国家或地区：中国澳门

发行时间：1998年9月9日

全套枚数：4+1（小型张）　**与苏州相关枚数**：5

相关票名：《文武官补服绣》

关联内容：传承制造地

一级目录：传统技艺

邮票编号：30205

苏州刺绣

主题： 苏州刺绣

发行国家或地区： 朝鲜

发行时间： 2019年2月16日

全套枚数： 4　　**与苏州相关枚数：** 1

相关票名：《双面绣》

关联内容： 传承制造地

邮票编号：30301

民族乐器

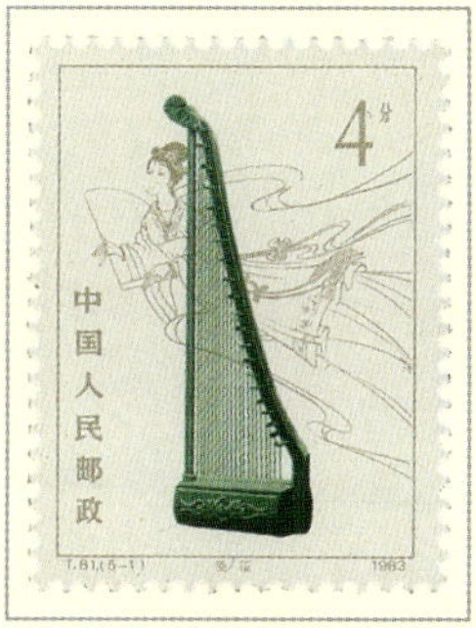

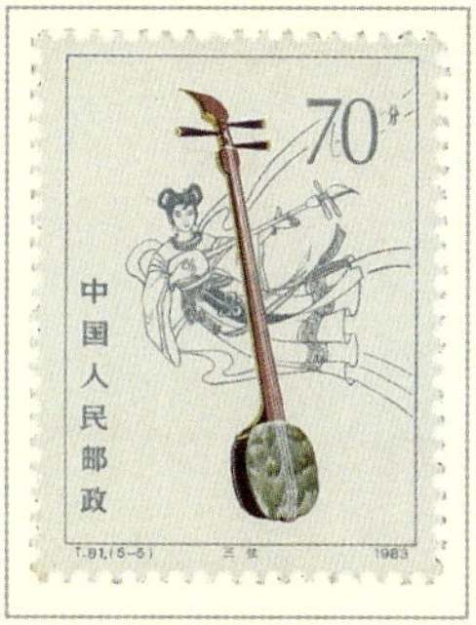

苏州民族乐器制作是江苏省的地方传统手工技艺之一。历史悠久，品种繁多，技艺精湛，人才辈出，蜚声中外。以其造型优美、简练，结构合理、不烦琐，做工精巧、一丝不苟，格调典雅、不落俗套，音色甜美、纯净，鲜明的艺术特色和独特的地方风格而闻名全国。

主题：民族乐器
邮票名：《民族乐器——拨弦乐器》
发行国家或地区：中国　　**志号：**T81
发行时间：1983年1月22日
全套枚数：5　　**与苏州相关枚数：**5
相关票名：《箜篌》《阮》《琴》《琵琶》《三弦》
关联内容：制造传承地

一级目录：传统技艺

邮票编号：30302

民族乐器

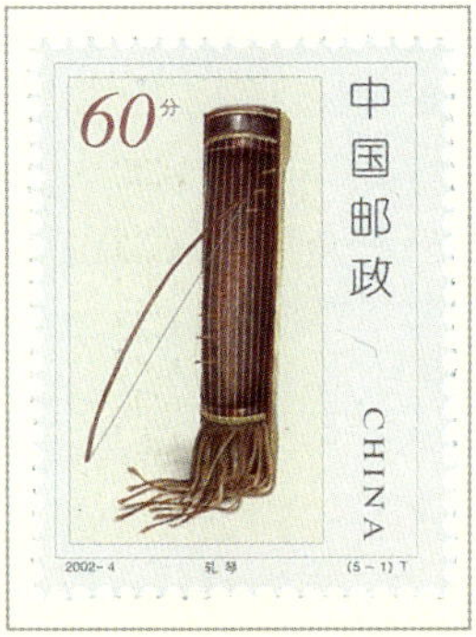

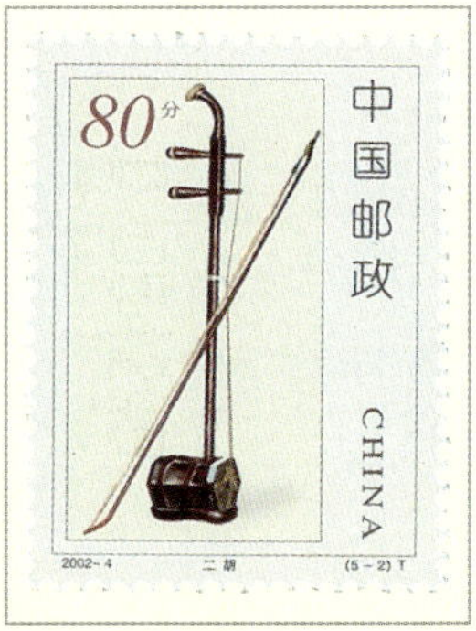

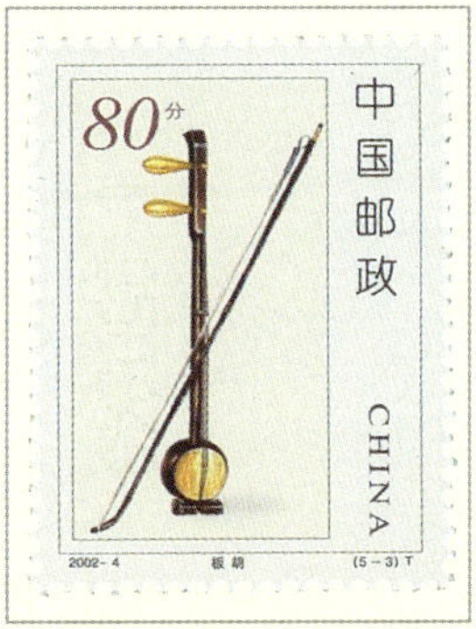

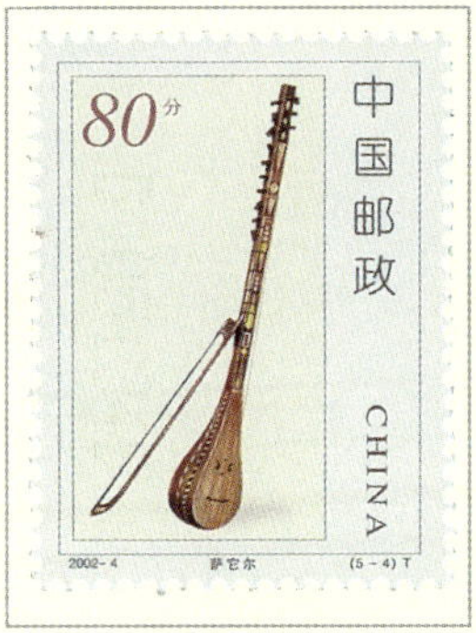

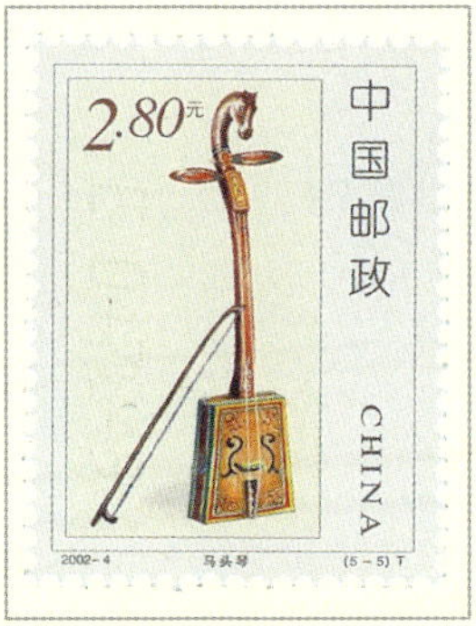

主题：民族乐器
邮票名：《民族乐器》
发行国家或地区：中国　　　志号：2002-4
发行时间：2002年2月23日
全套枚数：5　　　　　与苏州相关枚数：5
相关票名：《轧琴》《二胡》《板胡》《萨它尔》《马头琴》
关联内容：制造传承地

邮票编号：30303

民族乐器

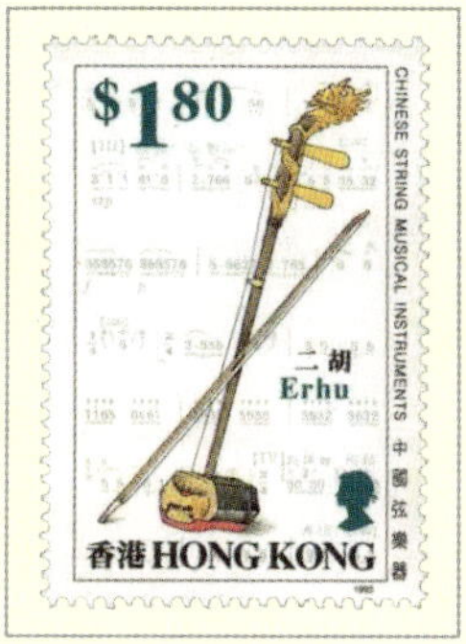

主题： 民族乐器
邮票名：《中国弦乐器》
发行国家或地区： 中国香港
发行时间： 1993年4月14日
全套枚数： 4　　　　　　**与苏州相关枚数：** 4
相关票名：《琵琶》《二胡》《中阮》《革胡》
关联内容： 制造传承地

一级目录：传统技艺

邮票编号：30304

民族乐器

主题：民族乐器

邮票名：《中国乐器邮票》

发行国家或地区：中国澳门

发行时间：1986年5月22日

全套枚数：6　与苏州相关枚数：6

相关票名：《唢呐》《笙》《二胡》《阮》《筝》《琵琶》

关联内容：制造传承地

一级目录：传统技艺

邮票编号：30305

民族乐器

主题：民族乐器
邮票名：《第九届澳门国际音乐节邮票》
发行国家或地区：中国澳门
发行时间：1995年10月9日
全套枚数：6　　　　　　**与苏州相关枚数：**6
相关票名：《琵琶》《二胡》《锣》《笙》《箫》《鼓》
关联内容：制造传承地

一级目录：传统技艺

邮票编号：30306

民族乐器

主题：民族乐器
邮票名：《中国 '96——第9届亚洲国际集邮展览》
发行国家或地区：越南
发行时间：1996年5月18日
全套枚数：4　　**与苏州相关枚数：**4
相关票名：《中国乐器》
关联内容：制造传承地

邮票编号：30307

民族乐器

主题：民族乐器
邮票名：《民俗乐器中国琵琶》
发行国家或地区：马来西亚
发行时间：2018年
全套枚数：4　　　**与苏州相关枚数：**1
相关票名：《中国乐器》
关联内容：制造传承地

一级目录：传统技艺

邮票编号：30401

苏州戏剧服装传统手工技艺

戏曲服装是苏州的特色手工艺品。苏州地处江南，风景秀丽，自古以来轻纺丝绸业发达，更兼苏州刺绣世界驰名，得此两项，苏州制作戏曲和演出服装便优于其他地方，其500年的制作史更是技艺人才代代相传。2006年，苏州戏曲服装厂被列入首批国家级非物质文化遗产——剧装戏具制作技艺传承保护单位。

主题：苏州戏剧服装传统手工技艺

邮票名：《京剧脸谱》

发行国家或地区：中国　　**志号：**T45

发行时间：1980年1月25日

全套枚数：8　　**与苏州相关枚数：**8

相关票名：《孟良》《李逵》《黄盖》《孙悟空》《鲁智深》《廉颇》《张飞》《窦尔敦》

关联内容：制造传承地

一级目录：传统技艺

邮票编号：30402

苏州戏剧服装传统手工技艺

主题：苏州戏剧服装传统手工技艺

邮票名：《京剧旦角》

发行国家或地区：中国　　　　**志号：**T87

发行时间：1983年7月20日

全套枚数：8　　　　**与苏州相关枚数：**8

相关票名：《孙玉娇》《陈妙常》《白素贞》《十三妹》《秦香莲》《杨贵妃》《崔莺莺》《穆桂英》

关联内容：制造传承地

一级目录：传统技艺

邮票编号：30403

苏州戏剧服装传统手工技艺

主题：苏州戏剧服装传统手工技艺
邮票名：《京剧丑角》
发行国家或地区：中国　　　**志号：**2001-3
发行时间：2001年2月15日
全套枚数：6　　　**与苏州相关枚数：**6
相关票名：《汤勤》（文丑）、《刘利华》（武丑）、《高力士》（文丑）、《蒋干》（文丑）、《杨香武》（武丑）、《时迁》（武丑）
关联内容：制造传承地

一级目录：传统技艺

邮票编号：30404

苏州戏剧服装传统手工技艺

主题： 苏州戏剧服装传统手工技艺

邮票名：《京剧生角》

发行国家或地区： 中国　　　　**志号：** 2007－5

发行时间： 2007年3月10日

全套枚数： 6　　　　　**与苏州相关枚数：** 6

相关票名：《蔺相如》（老生）、《宋士杰》（老生）、《周瑜》（小生）、《许仙》（小生）、《高宠》（武生）、《任堂惠》（武生）

关联内容： 制造传承地

一级目录：传统技艺

邮票编号：30405

苏州戏剧服装传统手工技艺

主题：苏州戏剧服装传统手工技艺
邮票名：《京剧净角》
发行国家或地区：中国　　　**志号：**2008-3
发行时间：2008年2月23日
全套枚数：6　　　　**与苏州相关枚数：**6
相关票名：《徐彦昭》《包拯》《廉颇》
《张飞》《曹操》《杨延嗣》
关联内容：制造传承地

邮票编号：30406

苏州戏剧服装传统手工技艺

主题：苏州戏剧服装传统手工技艺

邮票名：《黄梅戏》

发行国家或地区：中国　　**志号：**2014-14

发行时间：2014年7月6日

全套枚数：3　　**与苏州相关枚数：**3

相关票名：《天仙配》《女驸马》《打猪草》

关联内容：制造传承地

一级目录：传统技艺

邮票编号：30407

苏州戏剧服装传统手工技艺

主题：苏州戏剧服装传统手工技艺
邮票名：《粤剧》
发行国家或地区：中国　　**志号**：2017-25
发行时间：2017年10月15日
全套枚数：3　　**与苏州相关枚数**：3
相关票名：《香花山大贺寿》《六国大封相》《玉皇登殿》
关联内容：制造传承地

一级目录：传统技艺

邮票编号：30408

苏州戏剧服装传统手工技艺

主题：苏州戏剧服装传统手工技艺

邮票名：《中国戏剧》

发行国家或地区：中国香港

发行时间：1992年9月24日

全套枚数：4　　　　　　**与苏州相关枚数：**4

相关票名：《小生》《武生》《花旦》《丑生》

关联内容：制造传承地

一级目录：传统技艺

邮票编号：30409

苏州戏剧服装传统手工技艺

主题：苏州戏剧服装传统手工技艺
邮票名：《中国戏曲一》
发行国家或地区：中国澳门
发行时间：1991年6月5日
全套枚数：4　　　　**与苏州相关枚数**：4
关联内容：制造传承地

邮票编号：30410

苏州戏剧服装传统手工技艺

主题：苏州戏剧服装传统手工技艺
邮票名：《中国戏曲——脸谱》
发行国家或地区：中国澳门
发行时间：1998年7月
全套枚数：4+1（小型张） 与苏州相关枚数：4+1（小型张）
相关票名：《廖锡冲》《尉迟恭》《金钱豹》《李逵》
关联内容：制造传承地

一级目录：传统技艺

苏州戏剧服装传统手工技艺

主题：苏州戏剧服装传统手工技艺
邮票名：《中国戏曲——霸王别姬》
发行国家或地区：中国澳门
发行时间：2017年6月8号
全套枚数：4+1（小型张） 与苏州相关枚数：5
相关票名：《霸王亲征》《刘项对阵》《虞姬舞剑》
《楚霸王乌江自刎》《十面埋伏》
关联内容：制造传承地

邮票编号：30411

中國澳門 • MACAU CHINA
霸王別姬
Adeus Minha Concubina
12.00
圓 PTCS
十面埋伏 Emboscada
中國戲曲—霸王別姬
Ópera Chinesa – Adeus Minha Concubina
304814
澳門郵電 CTT

苏州戏剧服装传统手工技艺

主题： 苏州戏剧服装传统手工技艺

邮票名：《粤剧服饰》

发行国家或地区： 中国香港

发行时间： 2014年8月21日

全套枚数： 6+1（小型张） **与苏州相关枚数：** 7

相关票名：《大汉装》《海青》《小古装》《小军装》《蟒袍》《帔风》，小型张展示的戏服为大靠

关联内容： 制造传承地

邮票编号：30412

粵劇服飾
CANTONESE OPERA COSTUMES
HONG KONG, CHINA
中國香港
六國大封相
$10
GRAND ARMOUR
大靠
THE JOINT INVESTITURE
2014
Designed by Michael FUNG

一级目录：传统技艺

邮票编号：30413

苏州戏剧服装传统手工技艺

主题：苏州戏剧服装传统手工技艺
邮票名：《粤剧服饰》
发行国家或地区：中国香港
发行时间：2018年10月9日
全套枚数：6　　　　　**与苏州相关枚数：**6
相关票名：《帝女花》《双仙拜月亭》《关公月下释貂蝉》
《凤阁恩仇未了情》《梁祝恨史》《昭君出塞》
关联内容：制造传承地

一级目录：传统技艺

邮票编号：30501

苏作红木家具

红木家具是指自明代中叶以来，能工巧匠用紫檀木、酸枝木、杞梓木、花梨木、鸡翅木等进口木材制作的硬木家具。虽然明式硬木家具在全国很多地方都生产，但以苏州为中心的江南地区能工巧匠制作的家具最得大家认可。因此，人们公认苏式家具是明式家具的正宗，也称它为“苏州明式家具”，简称“苏式”。

主题：苏作红木家具
邮票名：《明清家具——坐具》
发行国家或地区：中国　　　**志号：**2011-15
发行时间：2011年6月20日
全套枚数：6　　　**与苏州相关枚数：**6
相关票名：《清紫檀剔红嵌铜龙纹宝座》《明黄花梨交椅》
《明黄花梨镂空福字纹四出头官帽椅》《明黄花梨雕螭纹圈椅》
《清紫檀“风光和雅”嵌大理石扶手椅》《明紫檀嵌大理石仿藤鼓凳》
关联内容：重要传承地

一级目录：传统技艺

邮票编号：30502

苏作红木家具

主题： 苏作红木家具

邮票名： 《明清家具——承具》

发行国家或地区： 中国　　　　**志号：** 2012－12

发行时间： 2012年6月9日

全套枚数： 4　　　　**与苏州相关枚数：** 4

相关票名： 《明黄花梨夹头榫平头画案》《清黄花梨透雕螭纹方桌》《明黄花梨高束腰石面方香几》《明铁梨象纹翘头案》

关联内容： 重要传承地

邮票编号：30503

苏作红木家具

主题：苏作红木家具

邮票名：《中式家具》

发行国家或地区：中国澳门

发行时间：2017年11月10日

全套枚数：4+1（小型张）　**与苏州相关枚数：**5

相关票名：《黄花梨雕海水龙纹画桌》《紫檀镶景泰蓝太师椅》
《红木嵌螺钿雕龙凤纹靠背椅》《紫檀金漆雕云龙纹嵌玉石座屏风》
《红木拔步床》

关联内容：重要传承地

一级目录：传统技艺

灯彩

苏州灯彩是中华民族传统手工艺品，中国国家非物质文化遗产之一，苏州灯彩，史称“苏灯”。它创始于南北朝，盛于唐宋。元宵观灯，在中国有着悠久的历史。苏州灯彩的工艺十分精巧，画面丰富多彩，绘有山水人物、飞禽走兽、花草鱼虫，不仅光华灿烂，而且制作巧妙。

邮票编号：30601

主题：灯彩

邮票名：《宫灯》

发行国家或地区：中国　　　　　**志号：**T60

发行时间：1981年2月19日

全套枚数：6　　　　　**与苏州相关枚数：**6

相关票名：《花篮灯》《龙球灯》《龙凤灯》《宝盆灯》《草花灯》《牡丹灯》

关联内容：重要传承地

一级目录：传统技艺

邮票编号：30602

灯彩

主题：灯彩
邮票名：《花灯》
发行国家或地区：中国　　　　**志号：**T104
发行时间：1985年2月28日
全套枚数：4　　　　**与苏州相关枚数：**4
相关票名：《九莲献瑞》《龙凤呈祥》《百花齐放》《金玉满堂》
关联内容：重要传承地

邮票编号：30603

灯彩

主题：灯彩

邮票名：《民间灯彩》

发行国家或地区：中国香港

发行时间：2006年2月12日

全套枚数：3+1（小型张）　**与苏州相关枚数：**4

相关票名：《荷花仙子》《水仙》《孔雀》《童子舞龙》

关联内容：重要传承地

一级目录：传统技艺

邮票编号：30604

灯彩

主题：灯彩

邮票名：《民间灯彩》

发行国家或地区：中国澳门

发行时间：2006年2月12日

全套枚数：4　　**与苏州相关枚数：**4

相关票名：《花灯》

关联内容：重要传承地

一级目录：传统技艺

邮票编号：30605

灯彩

主题：灯彩

邮票名：《民间灯彩》

发行国家或地区：中国　　　**志号：**2006－3

发行时间：2006年2月12日

全套枚数：5　　　　　**与苏州相关枚数：**5

相关票名：《鱼灯》《白菜灯》《莲花灯》《龙凤灯》《花蝶灯》

关联内容：重要传承地

丝绸

丝绸是中国古代文明的象征，是中国文化的重要体现。中国古代劳动人民发明并大规模生产丝绸制品，更开启了世界历史上第一次东西方大规模的商贸交流，史称“丝绸之路”。从西汉起，中国的丝绸不断大批地运往国外，成为世界闻名的产品。那时从中国到西方去的大路，被欧洲人称为“丝绸之路”，中国也被称为“丝国”。苏州丝绸是中国传统丝织业中的珍品，苏州是丝绸的故乡。大量考古发掘证实在4 700年前，太湖流域已有被誉为“世界上原始农业时期最伟大创造”的养蚕、取丝、织红。苏州至今留存有很多与丝绸相关的各个时期的历史遗址，是苏州作为历史文化名城不可分割的一部分。

主题：丝绸
邮票名：《丝绸之路》
发行国家或地区：中国　　**志号：**2012-19
发行时间：2012年8月1日
全套枚数：4+1（小型张）　**与苏州相关枚数：**5
相关票名：《丝绸》
相关内容：相关地

邮票编号：30701

一级目录：传统技艺

邮票编号：30702

丝绸

海上丝绸之路自秦汉时期开通以来，一直是沟通东西方经济文化交流的重要桥梁，而东南亚地区自古就是海上丝绸之路的重要枢纽和组成部分。中国着眼于与东盟建立战略伙伴十周年这一新的历史起点，为进一步深化中国与东盟的合作，提出“21世纪海上丝绸之路”的倡议。

苏州也是海上丝绸之路的起点地区。

主题：丝绸
邮票名：《海上丝绸之路》
发行国家或地区：中国　　　**志号：**2016-26
发行时间：2016年9月10日
全套枚数：6+1（小型张）　**与苏州相关枚数：**7
相关票名：《政策沟通》《设施联通》《贸易畅通》《资金融通》《民心相通》《海上交通》
关联内容：相关地

一级目录：传统技艺

邮票编号：30801

苏式旗袍

苏州是丝绸的盛产地，刺绣、缂丝、织造等无不精美绝伦。因此从元代至正年间起，朝廷便在苏州建立织造局，将苏州作为织绣宫廷服饰的基地。之后，虽然朝代变更，但苏州织造局的地位和作用始终受到历代皇朝的重视，从明代到清代无一例外。清顺治三年（1646），朝廷在苏州复建总织造局。1989年，苏州刺绣厂设计绣制的一件旗袍在首届北京国际博览会上获得了金牌奖。

主题： 苏式旗袍
邮票名：《二十四节气（三）》
发行国家或地区： 中国　　**志号：** 2018-21
发行时间： 2018年8月7日
全套枚数： 6　　**与苏州相关枚数：** 1
相关票名：《寒露——做旗袍》
关联内容： 重要传承地

一级目录：传统技艺

苏式旗袍

主题：苏式旗袍
邮票名：《旗袍》
发行国家或地区：中国香港
发行时间：2017年10月7日
全套枚数：6+1（小型张）　　与苏州相关枚数：7
相关票名：《旗袍》
关联内容：重要传承地

邮票编号：30802

旗袍
Qipao
何志仁設計 Designed by Tony HO
Illustrated by Yolanda Y.C. LAW and Mei W.L. CHAN, Students of the Hong Kong Design Institute
旗袍
Qipao
中國香港
HONG KONG, CHINA
$10
2017©

一级目录：传统技艺

邮票编号：30803

苏式旗袍

主题： 苏式旗袍
邮票名： 《时装设计》
发行国家或地区： 法国（与新加坡联合发行）
发行时间： 2013年11月8日
全套枚数： 4　　　　**与苏州相关枚数：** 1
相关票名： 《旗袍》
关联内容： 重要传承地

邮票编号：30804

苏式旗袍

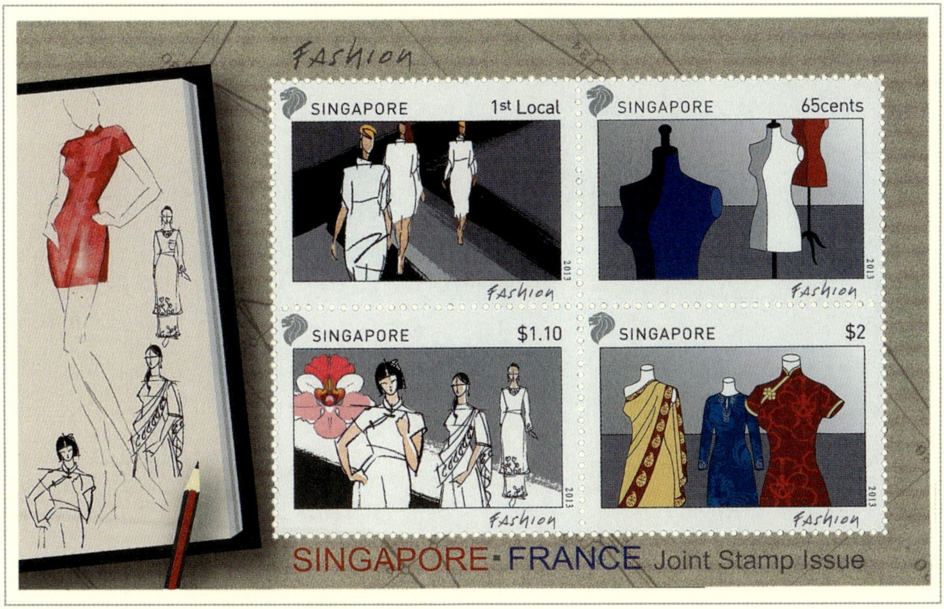

主题：苏式旗袍
邮票名：《时装设计》
发行国家或地区：新加坡（与法国联合发行）
发行时间：2013年
全套枚数：4+1(小全张)　　与苏州相关枚数：2
相关票名：《旗袍》
关联内容：重要传承地

一级目录：传统技艺

邮票编号：30805

苏式旗袍

有增印个性化服务专用邮票加印

主题：苏式旗袍
邮票名：《旗袍》
发行国家或地区：汤加
发行时间：2017年7月14日
全套枚数：4　　　　与苏州相关枚数：4
相关票名：《旗袍》
关联内容：重要传承地

邮票编号：30806

苏式旗袍

主题：苏式旗袍
邮票名：《传统民间服装》
发行国家或地区：中国澳门
发行时间：2010年11月30日
全套枚数：4　　　　**与苏州相关枚数**：1
相关票名：《旗袍》
关联内容：重要传承地

苏派盆景

苏派盆景是中华民族优秀的传统艺术之一，园林艺术的珍品。以江苏省苏州市为代表的盆景艺术，历史悠久，始于唐宋，兴于明清，盛于当代。有其独特的造型结构和艺术风格，是中国盆景的主要流派之一。

邮票编号：30901

主题：苏派盆景
邮票名：《盆景》
发行国家或地区：中国
发行时间：1981年3月31日　　　　**志号：**T61
全套枚数：6　　　　　　**与苏州相关枚数：**6
相关票名：《榔榆》《圆柏》《银杏》《桧柏》《油柿》《翠柏》
关联内容：传承地

一级目录：传统技艺

邮票编号：30902

苏派盆景

主题：苏派盆景
邮票名：《观赏盆景》
发行国家或地区：美国
发行时间：2012年
全套枚数：5
与苏州相关枚数：5
关联内容：重要传承地

邮票编号：31001

雷允上

“北有同仁堂，南有雷允上。”雷允上药店始建于苏州，发迹于上海，迄今已有近三百年的历史。雷允上药店创始人为雷大升，雷氏原籍江西省丰城，后移苏州定居。

主题：雷允上
邮票名：《中医药堂》
发行国家或地区：中国　**志号：**2010-28
发行时间：2010年11月20日
全套枚数：4　**与苏州相关枚数：**1
相关票名：《雷允上》
关联内容：所在地

一级目录：传统技艺

邮票编号：31101

铜鎏金地藏菩萨

金铜佛造像是用铜或青铜铸造，表面鎏金的可移动的佛教造像，包括佛、菩萨、弟子、天王、力士、诸天等形象。在中国大体上是伴随着佛寺的兴盛而发达的，多供养在宫中或佛寺，其盛期大致在南北朝至唐代。该套邮票中的宋代铜鎏金地藏菩萨像通高21厘米，是1978年在苏州瑞光塔第三层塔心天宫中发现的宋代文物，现保存于苏州博物馆。

主题：铜鎏金地藏菩萨
邮票名：《金铜佛造像》
发行国家或地区：中国　　**志号：**2013－14
发行时间：2013年6月16日
全套枚数：6+1（小型张）　**与苏州相关枚数：**1
相关票名：《铜鎏金地藏菩萨像》
关联内容：文物出土地

邮票编号：31201

社戏

江南民间社戏是指一种在特定的祭祀单位——“社”中组织演出的具有酬神祀鬼性质的戏剧表演活动。它的形成和发展，与一些古老的祭祀表演活动，如原始时代的巫觋歌舞、秦汉时代的百戏技艺、唐宋时代的社火社乐，以及宋元时代的杂剧、南戏等都有密切关系。邮票展现的场景是昆山周庄一带的镇村景色。

主题：社戏
邮票名：《今日农村·江南小镇》
发行国家或地区：中国　**志号：**T118
发行时间：1987年6月25日
全套枚数：4　**与苏州相关枚数：**1
相关票名：《江南小镇》
关联内容：相关地

第四部分

人事春秋

一级目录：人事春秋

邮票编号：40101

寒山

主题：寒山
邮票名：《寒山图》
发行国家或地区：日本
发行时间：1977年8月25日
全套枚数：2　　与苏州相关枚数：1
相关票名：《寒山图》
关联内容：生活地

邮票编号：40201

寒山、拾得

寒山寺供奉寒山、拾得。一进寺门的庭院中即有两块石刻，一为“妙利宗风”，一为“寒拾遗踪”，概述了寒山寺的渊源。

主题：和合二仙
邮票名：《天津民间彩塑》
发行国家或地区：中国　**志号：**1996-30
发行时间：1996年11月5日
全套枚数：4　**与苏州相关枚数：**1
相关票名：《和合二仙》
关联内容：生活地

一级目录：人事春秋

孙子

孙子（前544—前470）生于齐国（今山东东北部），出身于军事世家，而著书立说、建功立业均在吴国，在苏州生活了40余年。孙子青年时代为了避乱，约在公元前523—公元前515年间，南下奔吴，在苏州太湖附近山林隐居，躬耕田野，研究、整理兵书，同伍子胥结为至交。吴王阖闾三年（前512），经伍子胥七次荐引，终以兵法十三篇见吴王，受到赏识。他以雄才大略，帮助吴国训练出一支强大的军队。在苏州枫桥西南终其一生。

邮票编号：40301

主题：孙子

邮票名：《孙子兵法》

发行国家或地区：中国　**志号：**1995-26

发行时间：1995年12月4日

全套枚数：5　**与苏州相关枚数：**5

相关票名：《孙子像》《吴宫教战》《五战入郢》《艾陵之战》《黄池会盟》

关联内容：工作地

一级目录：人事春秋

邮票编号：40401

唐寅

唐寅《枯木寒鸦图》，绘枯木、山石与寒鸦，意境凄凉，给读者以强烈的感染力，可谓“气韵生动”；构图布局极具匠心，在“经营位置”上下足了功夫：画面中物象不多，用笔亦不多，枯树从画面左下角伸出，横斜于整个画面中央，一石突兀于树干之前，愈显“孤独”之意。

唐寅（1470—1524），初字伯虎，更字子畏，号六如居士，明代画家，吴县（今江苏苏州）人。他是吴门画派的代表人物，与沈周、文徵明、仇英并称“明四家”（吴门四家）。

主题：唐寅
邮票名：《明清扇面画邮票》
发行国家或地区：中国　　　　**志号：**T77
发行时间：1982年7月31日
全套枚数：6　　　　**与苏州相关枚数：**1
相关票名：《唐寅枯木寒鸦图》
关联内容：作者居住地

邮票编号：40501

仇英

仇英（约1498—约1551），字实父，号十洲，原籍江苏太仓，后移居苏州。中国明代绘画大师，吴门四家之一。擅画人物，尤长仕女，既工设色，又善水墨、白描，能运用多种笔法表现不同对象，或圆转流美，或劲丽艳爽。偶作花鸟，亦明丽有致。与沈周、文徵明、唐寅并称为“明四家”。

主题：仇英
邮票名：《仇英绘画》
发行国家或地区：朝鲜
发行时间：1999年8月21日
与苏州相关枚数：1
关联内容：作者出生地

一级目录：人事春秋

邮票编号：40601

范仲淹

范仲淹（989—1052），27岁中进士，官至枢密副使和参知政事，是北宋时著名的思想家、政治家、军事家和文学家。

范仲淹的文章以《岳阳楼记》最为著名，文中名句“先天下之忧而忧，后天下之乐而乐”，千古传诵。湖南省岳阳市的西门城楼岳阳楼因此而名闻天下，现为全国重点文物保护单位。《中国历代名楼》邮票一套4种，其中有一枚为岳阳楼。

主题：范仲淹
邮票名：《中国历代名楼》
发行国家或地区：中国　　**志号：**T121
发行时间：1987年10月30日
全套枚数：4+1（小全张）　　**与苏州相关枚数：**1
相关票名：《岳阳楼》
关联内容：作者祖籍地

邮票编号：40701

沈周

沈周（1427—1509），为明四家之首，生于苏州。是吴门画派的创始人。

主题：沈周
邮票名：《明清扇面画邮票》
发行国家或地区：中国　　**志号：**T77
发行时间：1982年7月31日
全套枚数：6　　**与苏州相关枚数：**1
相关票名：《沈周秋林独步图》
关联内容：作者出生地

一级目录：人事春秋

邮票编号：40801

鉴真大师

唐朝天宝元年（742），鉴真应日本高僧荣叡、普照之邀东渡弘扬佛法，五次东渡均告失败，历经磨难。天宝十二载（753）六十六岁高龄的鉴真从今天的苏州张家港市鹿苑镇黄泗浦渡口第六次东渡扶桑，终于到达日本九州。

鉴真（688—763），唐朝僧人，俗姓淳于，广陵江阳（今江苏扬州）人，律宗南山宗传人，也是日本佛教南山律宗的开山祖师，著名医学家。曾担任扬州大明寺住持，应日本留学僧请求先后六次东渡，弘传佛法，促进了文化的传播与交流。

主题：鉴真大师
邮票名：《鉴真大师像回国巡展》
发行国家或地区：中国　　**志号：**J55
发行时间：1980年4月13日
全套枚数：3　　**与苏州相关枚数：**2
相关票名：《鉴真大师像》《鉴真东渡船》
关联内容：工作地

邮票编号：40901

祖冲之

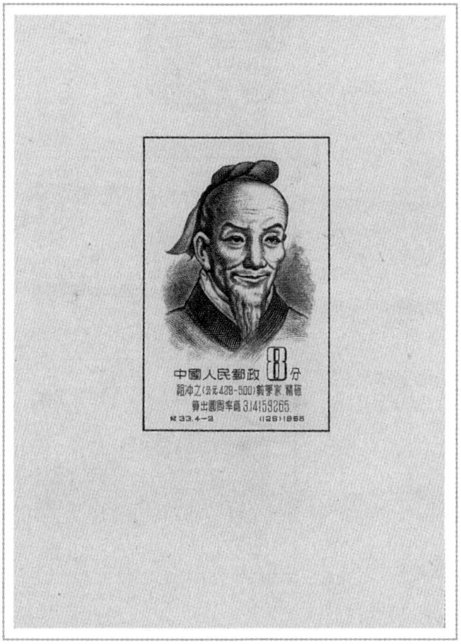
中國人民郵政 8分
祖冲之(公元429-500)數學家 精確
算出圓周率爲3.14159265
紀33.4-2
(129)1955

《中国古代科学家（第一组）》邮票，全套4种，分别是天文学家张衡、数学家祖冲之、天文学家僧一行、医学与药物学家李时珍。这套邮票中的“数学家祖冲之”是一位同苏州有关系的人物。祖冲之（429—500），是中国南北朝时期杰出的数学家和天文学家。其间南朝宋大明八年（464），36岁的祖冲之任娄县令，至刘宋末年，长达十余年。娄县是昆山县的前身，包括今昆山市全境和松江、嘉定、太仓一带，县治设在今昆山市市区东北。他在任娄县县令期间，仍然坚持科学研究，主要著有《缀术》《九章术义注》等，惜已失传。“祖冲之”这枚那票的画像下面印有两行文字：“祖冲之（429—500）,数学家”，“精确算出圆周率为3.14159265”。

主题：祖冲之
邮票名：《中国古代科学家（第一组）》
发行国家或地区：中国　　**志号：**纪33
发行时间：1955年8月25日
全套枚数：4+4（小型张）　**与苏州相关枚数：**1
相关票名：《祖冲之》
关联内容：工作地

一级目录：人事春秋

邮票编号：40902

祖冲之

主题：祖冲之
邮票名：《中国古代科学家》
发行国家或地区：中国香港
发行时间：2015年12月5日
全套枚数：4+1（小型张） **与苏州相关枚数：**1
相关票名：《祖冲之》
关联内容：工作地

邮票编号：41001

郑和

郑和（1371或1375—1433或1435），云南昆阳（今晋宁）人。在明成祖朱棣器重下，34岁时升为“内宫太监”。明永乐三年至宣德八年，即公元1405年至1433年，28年间郑和受命7次下西洋，每次都由太仓刘家港出发，返航后在刘家港停泊。

主题： 郑和
邮票名：《郑和下西洋580周年》
发行国家或地区： 中国　　**志号：** J113
发行时间： 1985年7月11日
全套枚数： 4　　**与苏州相关枚数：** 4
相关票名：《伟大的航海家郑和》《和平的使者》
《贸易与文化交流》《航海史上的壮举》
关联内容： 下西洋出发地

郑和

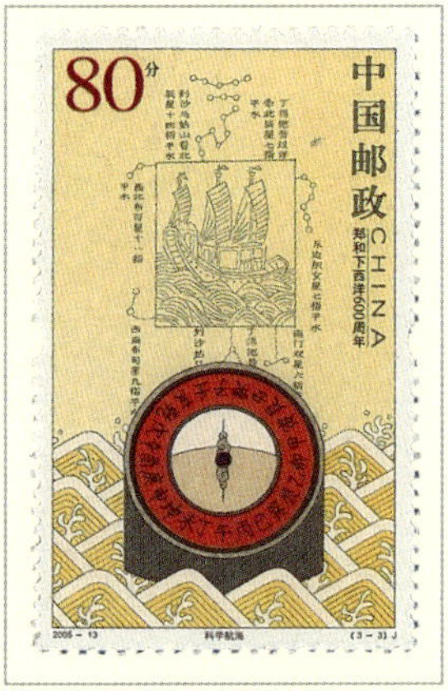

主题：郑和
邮票名：《郑和下西洋600周年》
发行国家或地区：中国　　**志号：**2005－13
发行时间：2005年6月28日
全套枚数：3+1（小型张）　**与苏州相关枚数：**4
相关票名：《郑和像》《睦邻友好》
《科学航海》，小型张《宝船》
关联内容：下西洋出发地

邮票编号：41002

郑和

主题： 郑和
邮票名： 《郑和下西洋600周年》
发行国家或地区： 中国香港
发行时间： 2005年6月28日
全套枚数： 3+1(小型张)　　**与苏州相关枚数：** 4
关联内容： 下西洋出发地

邮票编号：41003

鄭和下西洋600周年
The 600th Anniversary of Zheng He's Maritime Expeditions
Hong Kong, China
中國香港
$10
2005©
鄭和下西洋600周年
The 600th Anniversary of Zheng He's Maritime Expeditions
鄭志明設計 Designed by CHENG Chi-ming, Carl

一级目录：人事春秋

郑和

主题：郑和
邮票名：《郑和下西洋600周年》
发行国家或地区：中国澳门
发行时间：2005年6月28日
全套枚数：3+1(小型张)　**与苏州相关枚数：**4
关联内容：下西洋出发地

邮票编号：41004

鄭和下西洋600周年
600º Aniversário das Viagens Marítimas
ao Ocidente de Zheng He
澳門郵政
CORREIOS DE MACAU
中國 MACAU
澳門 CHINA
鄭和下西洋600周年
600º Aniversário das Viagens Marítimas
ao Ocidente de Zheng He
8.00
圓 PTCS.
090999

一级目录：人事春秋

邮票编号：41005

郑和

主题：郑和
邮票名：《郑和下西洋》
发行国家或地区：马达加斯加
发行时间：1998年
全套枚数：1（小型张） **与苏州相关枚数：**1
相关票名：《郑和像》
关联内容：下西洋出发地

一级目录：人事春秋

邮票编号：41006

郑和

主题： 郑和

邮票名：《郑和下西洋》

发行国家或地区： 新加坡

发行时间： 2005年6月30日

全套枚数： 4　　　**与苏州相关枚数：** 4

相关票名：《郑和像和宝船》

关联内容： 下西洋出发地

一级目录：人事春秋

邮票编号：41007

郑和

主题：郑和
邮票名：《中国非物质遗产》
发行国家或地区：菲律宾
发行时间：2014年
全套枚数：2　　　与苏州相关枚数：1
相关票名：《宝船》
关联内容：下西洋出发地

邮票编号：41008

郑和

主题： 郑和
邮票名： 《历史博物馆》
发行国家或地区： 马来西亚
发行时间： 2018年
全套枚数： 1（小型张）　**与苏州相关枚数：** 1
相关票名： 《郑和像》
关联内容： 下西洋出发地

一级目录：人事春秋

邮票编号：41101

陆羽

陆羽（733—约804），唐代著名的茶学家，被誉为“茶仙”，尊为“茶圣”。陆羽一生嗜茶，精于茶道，以著世界第一部茶叶专著《茶经》而闻名于世。陆羽曾长期居住在苏州虎丘，在他的倡导下苏州人饮茶成为习惯，也把种茶作为一业。在苏州，有著名的茶叶碧螺春。

主题：陆羽
邮票名：《茶》
发行国家或地区：中国　**志号：**1997-5
发行时间：1997年4月8日
全套枚数：4　**与苏州相关枚数：**1
相关票名：《茶圣》
关联内容：居住地

邮票编号：41201

顾炎武

顾炎武（1613—1682），昆山人，学者称亭林先生。他在《日知录》卷十三“正始”条中写道：“知保天下，然后知保其国。保国者，其君其臣，肉食者谋之。保天下者，匹夫之贱，与有责焉耳矣！”后来，这句话被概括为“天下兴亡，匹夫有责”，成为激励人们爱国主义精神的千古至理名言。

主题：顾炎武
邮票名：《古代思想家（二）》
发行国家或地区：中国
发行时间：1982年10月15日
全套枚数：6　　**与苏州相关枚数：**1
相关票名：《顾炎武》
关联内容：祖籍地

一级目录：人事春秋

邮票编号：41301

冯梦龙

冯梦龙（1574—1646），苏州人。明代文学家、思想家、戏曲家。冯梦龙出身士大夫家庭，与兄冯梦桂、弟冯梦熊并称“吴下三冯”。他的作品比较强调感情和行为，最有名的作品为《喻世明言》（又名《古今小说》）、《警世通言》《醒世恒言》，合称“三言”。三言与明代凌濛初的《初刻拍案惊奇》《二刻拍案惊奇》合称“三言两拍”，是中国白话短篇小说的经典代表。冯梦龙以其对小说、戏曲、民歌、笑话等通俗文学的创作、搜集、整理、编辑，为中国文学做出了独特的贡献。

主题：冯梦龙
邮票名：《中国古代文学家（四）》
发行国家或地区：中国　**志号：**2015-6
发行时间：2015年4月4日
全套枚数：6　**与苏州相关枚数：**1
相关票名：《冯梦龙》
关联内容：出生地

邮票编号：41401

林则徐

为了纪念林则徐诞生200周年,我国邮电部于1985年8月30日,发行J115纪念邮票一套2枚，由任宇设计。第一枚“林则徐画像”，面值8分,图案采用了中国革命历史博物馆收藏的一幅由林则徐同代人画的写生像。

林则徐（1785—1850），福建人，清朝时期的政治家、思想家和诗人，因其主张严禁鸦片，在中国广受好评。

主题： 林则徐
邮票名：《林则徐诞生二百周年》
发行国家或地区： 中国　　**志号：** J115
发行时间： 1985年8月30日
全套枚数： 2　　**与苏州相关枚数：** 1
相关票名：《林则徐画像》
关联内容： 工作地

一级目录：人事春秋

邮票编号：41402

林则徐

主题：林则徐

邮票名：《十九世纪香港画像邮票》

发行国家或地区：中国香港

发行时间：1986年12月9日

全套枚数：4　　　　**与苏州相关枚数：**1

相关票名：《林则徐画像》

关联内容：工作地

邮票编号：41403

林则徐

清道光三年（1823），林则徐任江苏按察使，1832年春擢升江苏巡抚，管辖镇江、常州、苏州、松江四府和太仓直隶州，任所均在苏州。

主题：林则徐
邮票名：《博物馆和收藏品四——澳门林则徐纪念馆》
发行国家或地区：中国澳门
发行时间：2014年11月5日
全套枚数：4+1（小型张）
与苏州相关枚数：4+1（小型张）
相关票名：《林则徐》
关联内容：工作地

中國澳門
12.00
圓PTCS
MACAU CHINA
博物館和收藏品(四)－澳門林則徐紀念館
MUSEUS E PEÇAS MUSEOLÓGICAS IV –
MUSEU MEMORIAL LIN ZEXU DE MACAU
183817
澳門郵政
CORREIOS DE MACAU

一级目录：人事春秋

邮票编号：41501

章太炎

1986年10月10日，为了纪念辛亥革命75周年，我国邮电部发行J132《辛亥革命著名领导人物》邮票，一套3枚，分别是孙中山、黄兴、章太炎的画像。章太炎晚年迁居苏州，创办章氏国学讲习所，后病逝于苏州。章太炎这枚邮票面值40分,图案刻画了民主革命先驱者章太炎的形象，画像左边的背景有“章炳麟驳康有为书”“民报”字样，有力地烘托出人物的气质。

主题：章太炎
邮票名：《辛亥革命著名领导人物》
发行国家或地区：中国　　**志号：**J132
发行时间：1986年10月10日
全套枚数：3　　**与苏州相关枚数：**1
相关票名：《章太炎》
关联内容：居住地

一级目录：人事春秋

邮票编号：41601

张善孖

张善孖 （1882—1940），号虎痴。现代著名画家，张大千的二哥，画虎大师，曾居住在网师园内。

主题：张善孖
邮票名：《集邮周——花鸟图局部》
发行国家或地区：日本
发行时间：2010年7月2日
全套枚数：4　　**与苏州相关枚数：**1
相关票名：《龙虎图屏风》
关联内容：作者居住地

邮票编号：41701

蔡元培

蔡元培，教育家、革命家、政治家。1923年7月10日在苏州留园与周峻举行婚礼，周峻为苏州人。

主题： 蔡元培
邮票名：《蔡元培诞生一百二十周年》
发行国家或地区： 中国　　**志号：** J145
发行时间： 1988年1月11日
全套枚数： 2　　**与苏州相关枚数：** 1
相关票名：《学界泰斗》《人世楷模》
关联内容： 工作地

梅兰芳

梅兰芳（1894—1961），中国京剧表演艺术大师，形成了流传最广的“梅派”表演艺术，成为妇孺皆知的中国“四大名旦”之首。关于梅兰芳的籍贯，一般人都认为他是江苏泰州人。但是，王染野先生在参与撰写《中国戏曲志》时，对此进行了详细的考证，认为梅兰芳祖籍是苏州。除了祖籍是苏州外，1933年1月中旬梅兰芳又来苏州连续公赈义演三天，演出于东方大戏院（今开明大戏院），主演了《苏三起解》《法门寺》《霸王别姬》等，座无虚席，出现了“倾城争看俏梅郎”的盛况。

邮票编号：41801

主题：梅兰芳
邮票名：《梅兰芳舞台表演艺术》
发行国家或地区：中国　　志号：纪94
发行时间：1962年8月8日
全套枚数：8+1（小型张）　与苏州相关枚数：9
相关票名：《梅兰芳像》《抗金兵》《游园惊梦》
　　　　　《霸王别姬》《穆桂英挂帅》《天女散花》
　　　　　《生死恨》《宇宙锋》《贵妃醉酒》
关联内容：祖籍地（学术争论）、演出地

一级目录：人事春秋

邮票编号：41801

梅兰芳

中国珍邮

《梅兰芳舞台艺术》小型张，图案选自京剧《贵妃醉酒》中梅兰芳饰演杨贵妃的一幅剧照。梅兰芳舞台艺术小型张邮票发行量仅2万枚，是中国发行量最小的小型张，价格雄踞各小型张之首。

邮票编号：41901

苏东坡

“中国古代书法——行书”邮票共6枚，包括王羲之的《兰亭序》、颜真卿所书《祭侄稿》、苏轼的《黄州寒食诗》各2枚连体邮票。《寒食帖》又名《黄州寒食诗帖》或《黄州寒食帖》，是苏轼撰诗并书，墨迹素笺本，横34.2厘米，纵18.9厘米，行书17行，129字，现藏台北故宫博物院。苏轼（1037—1101），世称苏东坡，北宋著名文学家、书法家、画家。苏轼未在苏州做过官，却与苏州很有缘分，多次游历苏州，与苏州关系十分密切，曾留下“过姑苏，不游虎丘，不谒闾丘，为二欠事”等名句。

主题：苏东坡
邮票名：《中国古代书法——行书》
发行国家或地区：中国　　**志号：**2010-11
发行时间：2010年5月15日
全套枚数：6　　**与苏州相关枚数：**2
相关票名：苏轼《黄州寒食诗（局部）》
关联内容：作者生活地

一级目录：人事春秋

邮票编号：42001

李济深

李济深（1885—1959），中国国民党革命委员会主要创始人、领导人之一。1948年就任中国国民党革命委员会主席。后历任中华人民共和国中央人民政府副主席、全国人民代表大会常务委员会副委员长、中国人民政治协商会议全国委员会副主席。

主题：李济深
邮票名：《爱国民主人士（第一组）》
发行国家或地区：中国　　**志号：**1993-8
发行时间：1993年5月15日
全套枚数：4　　**与苏州相关枚数：**1
相关票名：《李济深像》
关联内容：就读地

邮票编号：42201

马可・波罗

苏州是第一个与意大利的威尼斯市建立友好城市的城市，于1980年3月24日正式签约。当时威尼斯市向中国驻意大利使馆提出介绍一个城市建立友城关系时，我国外交部就想到了苏州市，苏、威两市闻讯一拍即合。两相情愿，喜结良缘，不能不想到历史上的一位旅行家，那就是700多年前在我国元朝居官17年的威尼斯人马可・波罗。他在《东方见闻录》（《马可・波罗游记》）一书中，把苏州热情地介绍给西方人，使苏州有了“东方威尼斯”之称。如果说，他当时有意识地为中、意两国人民架设了友谊桥梁的话，那么今天我们可以这样说，他无意中也为苏州、威尼斯两市建立友好城市关系牵了一根红线。他是值得苏州人永远纪念的一位人物。

主题： 马可・波罗
邮票名：《纪念马可・波罗诞生700周年》
发行国家或地区： 意大利
发行时间： 1954年7月8日
全套枚数： 2　　　　**与苏州相关枚数：** 2
相关票名：《马可・波罗像》
关联内容： 重要成就人

一级目录：人事春秋

邮票编号：42301

“七君子”

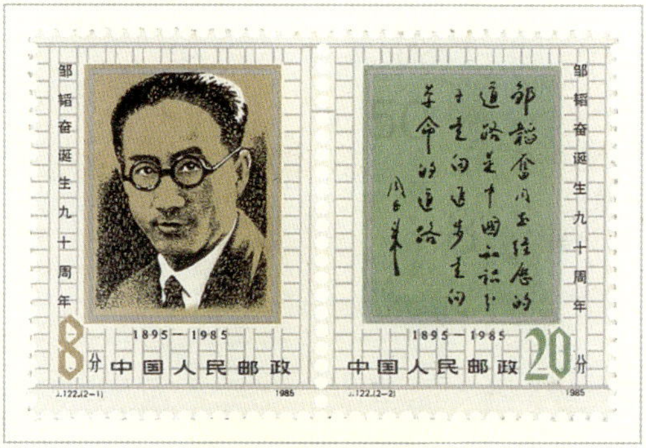

20世纪30年代的“七君子”案件，轰动苏城，震惊中外。1936年11月22日深夜，救国会的领袖沈钧儒、章乃器、邹韬奋、李公朴、王造时、沙千里6人在上海被捕，12月4日他们被押解到苏州，关押在吴县横街江苏高等法院看守所，随后又将史良关押在司前街看守所，演出了一幕卖国者审判爱国者的闹剧，世称“七君子”事件。“七君子”在苏州狱中，与国民党政府的威逼利诱进行了坚决的斗争，国民党反动当局不得不将“七君子”释放。当晚，苏州各界为“七君子”出狱举行了欢迎庆祝宴会。“七君子”中，沈钧儒生于苏州，居此20多年。邮电部发行过的邮票有“七君子”中的二人，分别是邹韬奋与沈钧儒。

主题：“七君子”
邮票名：《邹韬奋诞生九十周年》
发行国家或地区：中国　　**志号：**J122
发行时间：1985年11月5日
全套枚数：2　　**与苏州相关枚数：**2
相关票名：《邹韬奋像》《周恩来题词》
关联内容：事件发生地

邮票编号：42302

主题：“七君子”
邮票名：《爱国民主人士（第一组）》
发行国家或地区：中国　　志号：1993-8
发行时间：1993年5月15日
全套枚数：4　　　　　与苏州相关枚数：1
相关票名：《沈钧儒像》
关联内容：事件发生地

一级目录：人事春秋

邮票编号：42401

张闻天

张闻天（1900—1976）是中国老一辈的无产阶级革命家。1925年加入中国共产党，曾在党内担任过许多重要职务。1934年10月参加长征，1935年在决定党的命运前途的遵义会议上，支持毛泽东同志的军事主张，被选为中共中央总书记，1938年后任中共中央书记处书记兼中央宣传部部长、马列学院院长。中华人民共和国成立后，曾任我国驻苏联大使、外交部第一副部长等职。据《张闻天传》和苏州中共党史记载，“五卅运动”后，张闻天在上海加入中国共产党。入党后接受的第一个任务，是去苏州参加党的工作。1925年8月到苏州，以私立乐益女中国文教员的公开身份从事党的秘密活动。10月25日左右离开苏州到苏联莫斯科中山大学学习。他在苏州的时间虽然只有短短的两个多月，却在苏州的党史上留下了光辉的一页。

主题：张闻天
邮票名：《张闻天同志诞生九十周年》
发行国家或地区：中国　　**志号：**J170
发行时间：1990年8月30日
全套枚数：2　　**与苏州相关枚数：**1
相关票名：《张闻天像》
关联内容：工作地

一级目录：人事春秋

邮票编号：42501

吴冠中

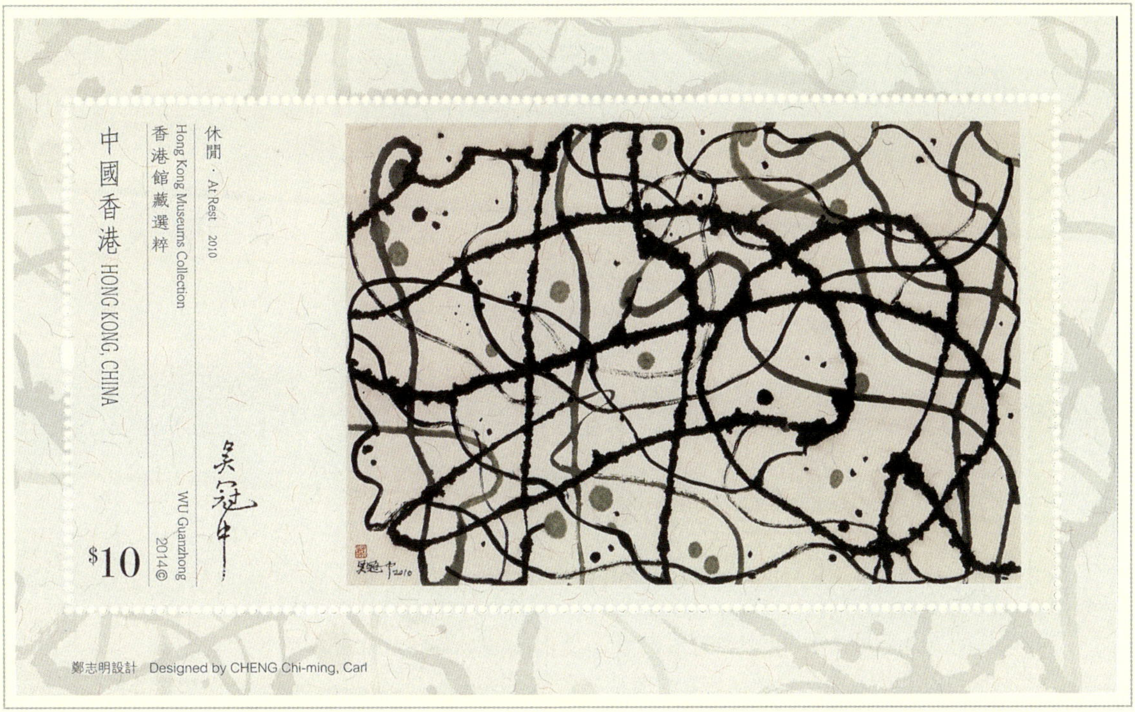

主题：吴冠中
邮票名：《香港馆藏选粹——吴冠中画作》
发行国家或地区：中国香港
发行时间：2014年6月17日
全套枚数：6+1（小型张） 与苏州相关枚数：7
相关票名：《维港写生》《乡情与乡愁》《水巷》
《朱颜未改》《双燕》《天涯》《休闲》
关联内容：主要创作地

一级目录：人事春秋

邮票编号：42501

吴冠中

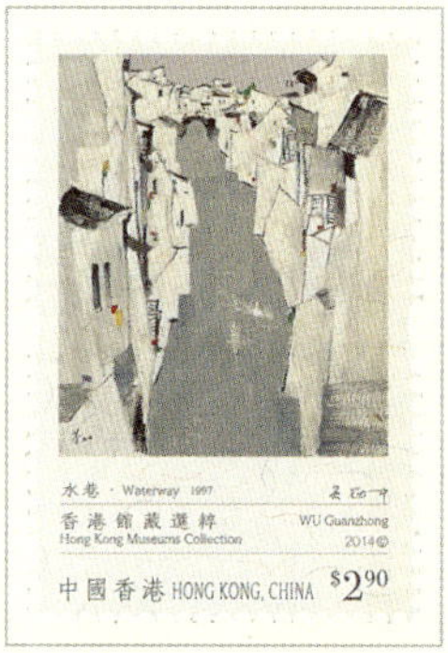

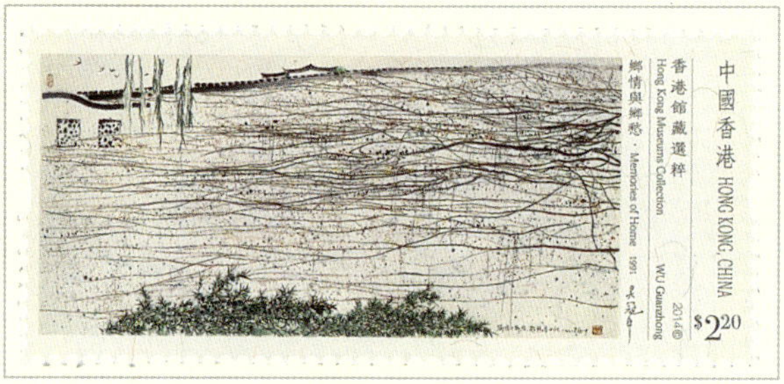

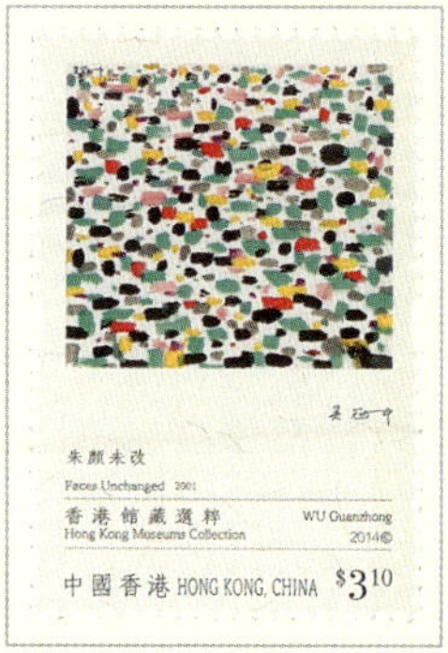

吴冠中（1919—2010），江苏宜兴人，当代著名画家、美术教育家。吴冠中先生经常在苏州写生，留下了大量的苏州题材作品，其中《周庄》被以2.36亿元的天价拍卖。代表作有《狮子林》。

邮票编号：42601

董希文

以著名油画家、美术教育家董希文的作品《开国大典》图案为背景的纪念“中华人民共和国成立十周年”（第五组）邮票，于1959年10月1日发行。董希文（1914—1973），1933年进苏州美专学习。

主题：董希文
邮票名：《中华人民共和国成立十周年》
发行国家或地区：中国　　**志号：**纪71
发行时间：1959年10月1日
全套枚数：1　　**与苏州相关枚数：**1
相关票名：《开国大典》
关联内容：作者读书地

金庸

金庸（1924—2018），本名查良镛，当代武侠小说作家、新闻学家、企业家、政治评论家、社会活动家，“香港四大才子”之一。金庸和苏州有着许多不解情缘：由于祖母是苏州人，金庸从小就吃着苏帮菜长大；金庸求学时，曾在苏州大学的前身东吴大学就读，后来，他成了苏州大学客座教授及苏州大学首位名誉博士；金庸的小说里，不止一次提到苏州的美景、美食乃至美女，他本人也曾多次来到苏州。有人说，金庸笔下美女如云，不管是古灵精怪的黄蓉，还是清新脱俗的王语嫣，原型都是苏州籍女演员夏梦。

一级目录：人事春秋

邮票编号：42701

金庸

主题：金庸

邮票名：《金庸小说人物》

发行国家或地区：中国香港

发行时间：2018年12月6日

全套枚数：6+1（小型张）　　**与苏州相关枚数：**6+1（小型张）

相关票名：《郭靖、黄蓉》(《射雕英雄传》)，《陈家洛》(《书剑恩仇录》)，《令狐冲、任盈盈》(《笑傲江湖》)，《张无忌》(《倚天屠龙记》)，《杨过、小龙女》(《神雕侠侣》)，《韦小宝、康熙》(《鹿鼎记》)，《乔峰、段誉、虚竹》(《天龙八部》)。

关联内容：作者就读地

一级目录：人事春秋

邮票编号：42801

贝聿铭

贝聿铭1917年出生于广州，祖籍苏州，是苏州望族之后，美籍华人建筑师。贝聿铭曾先后在麻省理工学院和哈佛大学就读建筑学。贝聿铭曾荣获1979年美国建筑学会金奖、1981年法国建筑学金奖、1983年第五届普利兹克奖及1986年里根总统颁予的自由奖章等。贝聿铭作品以公共建筑、文教建筑为主，被归类为现代主义建筑，善用钢材、混凝土、玻璃与石材。他的代表建筑有美国华盛顿特区国家艺廊东厢、法国巴黎卢浮宫扩建工程、中国香港中银大厦等，被誉为“现代建筑的最后大师”。

主题： 贝聿铭
邮票名： 《卢浮宫》
发行国家或地区： 法国
发行时间： 1993年11月8日
全套枚数： 2　　**与苏州相关枚数：** 2
相关票名： 《卢浮宫玻璃金字塔》
关联内容： 设计者祖籍地

邮票编号：42802

贝聿铭

主题：贝聿铭
邮票名：《香港为未来建设》等多套
发行国家或地区：中国香港
相关票名：《中银大厦》
关联内容：设计者祖籍地

主题：贝聿铭
邮票名：《香港经济建设》
发行国家或地区：中国　　志号：1996-31
发行时间：1996年12月19日
全套枚数：4　　与苏州相关枚数：1
相关票名：《中银大厦》
关联内容：设计者祖籍地

一级目录：人事春秋

邮票编号：42901

王淦昌

王淦昌（1907—1998），出生于江苏常熟，核物理学家，中国核科学的奠基人和开拓者之一，中国科学院院士，“两弹一星功勋奖章”获得者。

主题：王淦昌
邮票名：《中国现代科学家（六）》
发行国家或地区：中国　　**志号：**2014-25
发行时间：2014年10月16日
全套枚数：6　　**与苏州相关枚数：**1
相关票名：《王淦昌》
关联内容：出生地

邮票编号：43001

顾诵芬

为庆贺中国航空工业创建45周年，发行《中国飞机》特种邮票一套，其中歼八Ⅱ型高空高速全天候歼击机，其总设计师是苏州人顾诵芬。顾诵芬1930年出生，现为中国科学院院士、中国工程院院士，现任中国航空工业总公司科学技术委员会副主任，中国航空研究院副院长、研究员。获国家最高科学技术奖。

主题：顾诵芬
邮票名：《中国飞机》
发行国家或地区：中国　　**志号：**1996-9
发行时间：1996年4月17日
全套枚数：4　　**与苏州相关枚数：**1
相关票名：《中国飞机——歼八》
关联内容：相关人出生地

一级目录：人事春秋

邮票编号：43101

袁伟民、孙晋芳

1981年11月16日晚上，在日本大阪举行的第三届世界杯女子排球赛上,中国女排夺得冠军,取得七战七捷的突出成绩。为了庆祝我国女排为祖国和人民争得荣誉，1981年12月21日，邮电部发行一套J76《中国女排获第三届世界杯冠军》纪念邮票，全套2枚。在这届世界杯女子排球赛上，袁伟民获最佳教练员奖，孙晋芳获最佳运动员奖、优秀运动员奖和二传奖，郎平获优秀运动员奖。令苏州人感到特别光荣、特别兴奋的是，得奖的中国女排主教练袁伟民是苏州人，一人得三个奖的中国女子排球队队长孙晋芳也是苏州人，得奖的“铁榔头”郎平母亲是苏州人，也算是半个苏州人了。

主题：袁伟民
邮票名：《中国女排获第三届世界杯冠军》
发行国家或地区：中国　　**志号：**J76
发行时间：1981年12月21日
全套枚数：2　　**与苏州相关枚数：**2
相关票名：《顽强拼搏》《为国争光》
关联内容：相关人出生地

主题：孙晋芳
邮票名：《中国女排获第三届世界杯冠军》
发行国家或地区：中国　　**志号：**J76
发行时间：1981年12月21日
全套枚数：2　　**与苏州相关枚数：**2
相关票名：《顽强拼搏》《为国争光》
关联内容：相关人出生地

邮票编号：43201

杨明义

T144《杭州西湖》邮票，包括邮票4枚、小型张1枚，小型张为苏州杨明义先生设计。

杨明义，1943年生于苏州，画家。毕业于苏州工艺美专，1981年就读于中央美术学院。1987年赴美，毕业于美国纽约青年艺术学生同盟。中国美术家协会会员，文化部国韵文华书画院副院长，海华归画院副院长。1978年因创作《水乡的节日》一画在写生中发现周庄，被称为“发现周庄第一人”。

主题：杨明义
邮票名：《西湖》
发行国家或地区：中国　**志号：**T144
发行时间：1989年11月25日
全套枚数：1（小型张）　**与苏州相关枚数：**1（小型张）
相关票名：《杭州西湖》
关联内容：作者出生地

一级目录：人事春秋

邮票编号：43301

李 涵

《元宵节》邮票全套三枚，“吃元宵”描绘了祖孙三代五口人其乐融融吃元宵的生活场景；“赏花灯”描绘了男女老少五口人兴致勃勃赏灯彩的情景；“舞龙舞狮”描绘了元宵节舞龙舞狮的热闹场面。是苏州李涵先生作品。

李涵，1954年8月生于江苏苏州，中国美术家协会会员，苏州市职业大学艺术学院原院长、教授，作品曾入选第八届全国美术展览。此前，由他绘制的《江南烟景》一书，生动表现了江南地区的民俗生活，广受好评。他于2014年开始了元宵节邮票的设计和绘制。

主题：李涵
邮票名：《元宵节》
发行国家或地区：中国　　**志号：**2018-4
发行时间：2018年3月2日
全套枚数：3　　**与苏州相关枚数：**3
相关票名：《吃元宵》《赏花灯》《舞龙舞狮》
关联内容：作者出生地

邮票编号：43401

马拉松

马拉松是在公路上举行的一项超长距离跑的径赛项目，全程42.195千米。马拉松运动历史悠久，起源于古希腊，第1届现代奥运会即被列为比赛项目。除作为奥运会和其他重大田径赛会比赛项目外，国际田径联合会还批准一些国家的城市主办高水平与群众性相结合的马拉松单项赛。

苏州主要的马拉松赛事包括苏州环金鸡湖国际半程马拉松赛、苏州太湖国际马拉松赛、张家港国际马拉松赛、常熟尚湖国际半程马拉松赛，这些马拉松赛事让苏州成为年参与人次进入“10万+”的马拉松城市。

主题：马拉松
邮票名：《马拉松》
发行国家或地区：中国　　**志号：**2019-5
发行时间：2019年3月31日
全套枚数：2　　**与苏州相关枚数：**2
相关票名：《超越自我》《跑向健康》
关联内容：举办地

第五部分

文 学 艺 术

一级目录：文学艺术

邮票编号：50101

评弹

评弹又称苏州评弹、说书或南词，是苏州评话和弹词的总称，是一门古老、优美的说唱艺术。评话通常一人登台开讲，内容多为金戈铁马的历史演义和叱咤风云的侠义豪杰。弹词一般两人说唱，上手持三弦，下手抱琵琶，自弹自唱，内容多为儿女情长的传奇小说和民间故事。作为城市文化名片之一，苏州评弹是首批列入国家级非物质文化遗产的项目，已有400余年历史，被誉为曲艺艺术的“活化石”。

主题：评弹
邮票名：《中国曲艺》
发行国家或地区：中国　　**志号：**2011-18
发行时间：2011年7月18日
全套枚数：4　　**与苏州相关枚数：**1
相关票名：《评弹》
关联内容：发源地

邮票编号：50102

评弹（马如飞）

《二十四节气（一）》特种邮票1套6枚，内容分别为立春、雨水、惊蛰、春分、清明、谷雨，矩形票框上竖列着“西园梅放立春先 云镇霄光雨水连 惊蛰初交河跃鲤 春分蝴蝶梦花间 清明时放风筝好 谷雨西厢宜养蚕”文字，系由清末苏州名弹词艺人马如飞编写。马如飞，弹词演员，生于苏州，弹词唱调“马调”创始人。

主题：评弹（马如飞）
邮票名：《二十四节气（一）》
发行国家或地区：中国　　**志号：**2015-4
发行时间：2015年2月4日
全套枚数：6　　　　**与苏州相关枚数：**1(边纸文字)
相关票名：《立春》
关联内容：作者出生地

一级目录：文学艺术

邮票编号：50201

《古诗四帖》

《古诗四帖》墨迹本，五色笺，狂草书，纵28.8厘米，横192.3厘米，共40行、188字。无款，明董其昌定为张旭书。通篇笔画丰满，绝无纤弱浮滑之笔。行文跌宕起伏，动静交错，满纸如云烟缭绕，实乃草书巅峰之篇，现藏辽宁省博物馆。张旭，字伯高，一字季明，吴郡人。张旭的书法，始化于张芝、二王一路，以草书成就最高。史称“草圣”。

张旭（685—759），苏州吴县（今江苏苏州）人，唐代书法家，擅长草书，喜欢饮酒，世称“张颠”，与怀素并称“颠张醉素”，与贺知章、张若虚、包融并称“吴中四士”，其草书则与李白的诗歌、裴旻的剑舞并称“三绝”。张旭既继承传统，又勇于创新，使得自身的狂草艺术在盛唐时期达到了一个高峰。在中国书法史上，张旭对后世书法的发展有直接或间接的重大影响，对于唐代书法艺术的繁荣有举足轻重的作用。

主题：《古诗四帖》
邮票名：《中国古代书法——草书》
发行国家或地区：中国　　**志号：**2011-6
发行时间：2011年4月15日
全套枚数：4　　**与苏州相关枚数：**1
相关票名：《古诗四帖》
关联内容：作者出生地

一级目录：文学艺术

邮票编号：50301

《富春山居图》

《富春山居图》是元代画家黄公望创作的纸本水墨画，中国十大传世名画之一。黄公望（1269—1354），常熟县（今江苏常熟市）人。元朝著名画家，“元四家”之首。

主题：《富春山居图》
邮票名：《富春山居图》
发行国家或地区：中国　　**志号：**2010-7
发行时间：2010年3月20日
全套枚数：6　　**与苏州相关枚数：**6
相关票名：《剩山图》《无用师卷》
关联内容：作者出生地

一级目录：文学艺术

邮票编号：50401

《天文图》

《古代天文仪器》内容分别为中国的简仪和丹麦的大赤道经纬仪。第一枚邮票“简仪”背景图为苏州石刻天文图，是我国和世界上现存最早的星数最多的石刻天文图。苏州石刻天文图总高约2.45米，宽约1.17米，星图本身直径为85厘米。它是根据北宋元丰年间（1078—1085）的观测结果，由黄裳于南宋光宗元年（1190）绘图，王致远于南宋淳祐七年（1247）刻制而成的。

主题：《天文图》
邮票名：《古代天文仪器》
发行国家或地区：中国（与丹麦联合发行） **志号：**2011-30
发行时间：2011年12月10日
全套枚数：2 **与苏州相关枚数：**2
相关票名：《简仪》
关联内容：馆藏地

邮票编号：50501

《红楼梦》

《红楼梦》，原名《石头记》，是名扬中外的中国古典文学著作。曹雪芹所著《红楼梦》是一部与苏州有密切关系的书。1981年11月20日，我国邮电部发行T69《红楼梦——金陵十二钗》邮票一套12枚，同时发行“红楼梦”小型张1枚。《红楼梦》第1回是从苏州开头说起的：“按那石上书云：当日地陷东南，这东南隅有处曰姑苏，有城曰阊门者，最是红尘中一二等富贵风流之地”。第一枚林黛玉、第十二枚妙玉，都是苏州人。

主题：《红楼梦》
邮票名：《红楼梦——金陵十二钗》
发行国家或地区：中国　　**志号：**T69
发行时间：1981年11月20日
全套枚数：12+1（小型张）　**与苏州相关枚数：**3
相关票名：《林黛玉》《妙玉》《双玉读曲》
关联内容：人物主角祖籍地

一级目录：文学艺术

邮票编号：50502

《红楼梦》

《红楼梦》作者曹雪芹的祖父辈曾担任江南织造官职，现苏州第十中学即为江南织造府衙旧址，曹雪芹在苏州生活过一段时间。

主题：《红楼梦》
邮票名：《中国古代文学家（四）》
发行国家或地区：中国　　**志号：**2015-6
发行时间：2015年4月4日
全套枚数：6　　**与苏州相关枚数：**1
相关票名：《曹雪芹》
关联内容：居住地

邮票编号：50503

《红楼梦》

乱判葫芦案，源于《红楼梦》第四回原文“薄命女偏逢薄命郎 葫芦僧乱判葫芦案”。贾雨村“夤缘复职”后，新补授了应天府，一上任就遇到一起人命案：人称“呆霸王”的薛蟠为争夺一个被出卖的女婢而打死了小乡绅之子冯渊。贾雨村本欲“严肃处理”，却又受了门子出身于“葫芦庙”的小沙弥的“点拨”，为勾结“金陵四大家族”，胡乱了结这起案件。故事描述地在现苏州阊门外。

主题：《红楼梦》
邮票名：《红楼梦（第一组）》
发行国家或地区：中国　　**志号：**2014-13
发行时间：2014年6月21日
全套枚数：4+1（小型张）　**与苏州相关枚数：**1
相关票名：《乱判葫芦案》
关联内容：故事事发地

《红楼梦》

主题：《红楼梦》
邮票名：《文学与人物——红楼梦》（黛玉、妙玉）
发行国家或地区：中国澳门
发行时间：1999年3月1日
全套枚数：6+1（小型张）　　与苏州相关枚数：3
相关票名：《黛玉葬花》《妙玉奉茶》《双玉读曲》
关联内容：人物主角祖籍地

邮票编号：50504

CORREIOS E TELECOMUNICAÇÕES DE MACAU
澳門郵電司
MACAU
REPÚBLICA PORTUGUESA
8
PTCS
0349525

《水浒传》

《水浒传》是我国四大名著之一，该系列邮票共发行五组，共计20枚邮票和3枚小型张，分别发行于1987年12月、1989年7月、1991年11月、1993年8月和1997年12月，历时10年。

《水浒传》，是一部以北宋末年宋江起义为主要故事背景，类型上属于英雄传奇的章回体长篇小说。作者或编者一般被认为是施耐庵，现存刊本署名大多有施耐庵、罗贯中两人中的一人，或两人皆有。施耐庵（约1296—1370），元末明初小说家，兴化（今江苏兴化市）人，原籍苏州。

邮票编号：50601

《水浒传》

主题：《水浒传》
邮票名：《中国古典文学名著——<水浒传>》
发行国家或地区：中国　　**志号：**T123
发行时间：1987年12月
全套枚数：4+1（小型张）　　**与苏州相关枚数：**5
相关票名：《史进习武》《鲁智深倒拔垂杨柳》《林冲风雪山神庙》
《宋江义释晁盖》《智取生辰纲》
关联内容：作者祖籍地

一级目录：文学艺术

邮票编号：50601-2

《水浒传》

主题：《水浒传》
邮票名：《中国古典文学名著——<水浒传>》
发行国家或地区：中国　　**志号：**T138
发行时间：1989年7月
全套枚数：4（小型张）　　**与苏州相关枚数：**4
相关票名：《武松打虎》《秦明夜走瓦砾场》
《花荣梁山射雁》《黑旋风斗浪里白条》
关联内容：作者祖籍地

邮票编号：50601-3

《水浒传》

一级目录：文学艺术

邮票编号：50601-3

《水浒传》

主题：《水浒传》
邮票名：《中国古典文学名著——＜水浒传＞》
发行国家或地区：中国　　　**志号：**T167
发行时间：1991年11月
全套枚数：4+1（小型张）　**与苏州相关枚数：**5
相关票名：《四路劫法场》《梁山泊戴宗传假信》
《一丈青单捉王矮虎》《顾大嫂登州大劫牢》
《孙立计破祝家庄》
关联内容：作者祖籍地

一级目录：文学艺术

邮票编号：50601-4

《水浒传》

主题：《水浒传》

邮票名：《中国古典文学名著——＜水浒传＞》

发行国家或地区：中国　　**志号：**1993-10

发行时间：1993年8月

全套枚数：4　　**与苏州相关枚数：**4

相关票名：《柴进失陷高唐州》《时迁盗甲》
《徐宁教使钩镰枪》《劫法场石秀跳楼》

关联内容：作者祖籍地

一级目录：文学艺术

《水浒传》

邮票编号：50601-5

主题：《水浒传》

邮票名：《中国古典文学名著——＜水浒传＞》

发行国家或地区：中国　　**志号：**1997-21、

发行时间：1997年12月

全套枚数：4+1（小型张）　　**与苏州相关枚数：**5

邮票内容：《呼延灼月夜赚关胜》《卢俊义活捉史文恭》

《燕青智扑擎天柱》《轰天雷大破官军》

《梁山英雄排座次》

关联内容：作者祖籍地

《水浒传》

中国澳门特别行政区邮政发行的《水浒传》第一组中的英雄人物形象依次为呼保义宋江、豹子头林冲、行者武松、花和尚鲁智深、智多星吴用和小李广花荣。

邮票编号：50602

主题：《水浒传》
邮票名：《文学与人物——水浒传》（第一组）
发行国家或地区：中国澳门
发行时间：2003年3月1日
全套枚数：6+1(小型张)　　与苏州相关枚数：7
相关票名：《水浒传人物》
关联内容：作者祖籍地

《水浒传》

中国澳门特别行政区邮政发行的《水浒传》第二组中的英雄人物形象依次为史进、柴进、杨志、晁盖、公孙胜、阮小七。另有小型张。

邮票编号：50603

主题：《水浒传》

邮票名：《文学与人物——水浒传》（第二组）

发行国家或地区：中国澳门

发行时间：2003年3月1日、2014年6月26日

全套枚数：6+1（小型张）　　**与苏州相关枚数：**7

相关票名：《水浒传人物》

关联内容：作者祖籍地

一级目录：文学艺术

邮票编号：50701

《三国演义》——舌战群儒

邮票“舌战群儒”的内容，在《三国演义》第四十三回有详细叙述。当时曹操率80万大军下荆州、据江陵，艨艟千艘，水陆并进。面对大军压境的形势，孙权、刘备只有联合，才能摆脱困境。但孙吴一班文臣主张降曹，孙权又举棋不定。在这关键时刻，诸葛亮受刘备之命、东吴鲁肃之邀来到江东同商破曹之策。他在见孙权之前，先与“张昭、顾雍等一班文武二十余人相见”，展开了一场激烈的舌战，诸葛亮从容不迫，对答如流，以强有力的事实和论点，驳得东吴诸臣“尽皆失色”，无言以对。书中记述这场舌战的对答，有一位苏州人陆绩。

主题：《三国演义》—— 舌战群儒
邮票名：《中国古典文学名著——<三国演义>（第三组）》
发行国家或地区：中国　　**志号：**1992-9
发行时间：1992年8月25日
全套枚数：4　　**与苏州相关枚数：**1
相关票名：《舌战群儒》
关联内容：故事发生地

邮票编号：50702

《三国演义》——刘备招亲

邮票“刘备招亲”图案取材于《三国演义》第五十四回“吴国太佛寺看新郎，刘皇叔洞房续佳偶”，描写刘备在南徐州（今江苏镇江）同孙权之妹拜堂成亲的情形。原来周瑜同孙权商定用“美人计”，以将孙权之妹嫁与刘备为名，诱骗刘备来到南徐以后将其拘禁起来，如不以荆州交换则杀之。结果刘备根据孔明的“锦囊妙计”，通过吴国太、乔国老从中相助，弄假成真，“周瑜妙计安天下，赔了夫人又折兵”。后刘备终得全身而返。第三十八回描述孙权母亲对周瑜等说：“我本吴人，幼亡父母，与弟吴景徙居吴中。后嫁与孙氏，生四子。”吴太夫人还对孙权说：“吾妹与我共嫁汝父。”这说明浙江富阳人孙坚，是苏州地方的女婿，其子孙策、孙权是苏州地方的外甥，刘备娶了孙权之妹后，就是苏州地方的外甥女婿了。现在苏州有三座寺塔同孙权一家有直接关系。一是苏州古城内北面的北寺塔，此地原是孙氏亲族聚居的大宅院。二是苏州古城内南边的瑞光塔。赤乌四年（241）康居国（西域古国）僧人性康来苏州，孙权为他建寺，名普济禅院。三是位于吴江震泽镇的慈云寺塔，据说，孙权以母亲病危为由，将刘备的孙夫人从荆州骗回东吴，不准她回去。孙夫人思念丈夫，其母在震泽建塔，使女儿每日登塔远眺，盼望刘备到来，故又称其为“望夫塔”。

主题：《三国演义》——刘备招亲
邮票名：《中国古典文学名著——<三国演义>（第三组）》
发行国家或地区：中国　　　**志号：**1994-17
发行时间：1992年11月2日
全套枚数：4+1（小型张）　**与苏州相关枚数：**1
相关票名：《刘备招亲》
关联内容：相关人居住地

一级目录：文学艺术

邮票编号：50703

《三国演义》——赤壁鏖兵

“赤壁鏖兵”是第四组邮票的小型张，为书中第四十四回至第五十回所述的赤壁大战。曹操以为冬天不会有东南风，用了庞统的连环计，把大战船30只或50只地用铁索锁在一起；上面铺板，打仗时整体推进，上面走人骑马如履平地。但是诸葛亮借来了东风，又通过“苦肉计”，使黄盖能够率20只火船撞入曹操水寨，点火作为内应。三江水战，火烧赤壁，烧毁战船无数，曹军着枪中箭、火烧水溺者不计其数，曹操大败而逃。在这场战斗中，东吴陆逊领有第五队兵马，并被任命为先锋。

主题：《三国演义》——赤壁鏖兵
邮票名：《中国古典文学名著——<三国演义>》（第四组）
发行国家或地区：中国　　**志号：**1994-17
发行时间：1994年11月24日
全套枚数：4+1（小型张）　**与苏州相关枚数：**1
相关票名：《赤壁鏖兵》
关联内容：相关人出生地

邮票编号：50704

《三国演义》——火烧连营

《三国演义》第八十三回、八十四回说到，章武二年（222）刘备为报关羽、张飞死难之仇，誓志灭吴，乃兵分八路，水陆并进，自虢亭布列兵马直至川口，连接七百里，前后四十座营寨，深入吴国境内，结果被陆逊“火烧连营”。

主题：《三国演义》——火烧连营
邮票名：《中国古典文学名著——<三国演义>（第四组）》
发行国家或地区：中国　　**志号：**1994-17
发行时间：1994年11月24日
全套枚数：4+1（小型张）　**与苏州相关枚数：**1
相关票名：《火烧连营》
关联内容：人物相关地

一级目录：文学艺术

邮票编号：50801

《吴昌硕作品选》

吴昌硕先生在十九岁那年离开家乡安吉，到苏州寻师访友，刻苦学艺。吴昌硕最初到苏州市是跟儒学大师、湖州同乡俞曲园学辞章和文字训之学，为时约两年，这为他后来的诗赋词曲打下了扎实的基础。在苏州，吴昌硕又结识了当时知名的书法家杨岘，向他请教书法和辞章。吴昌硕待人以诚，求知若渴，谦虚好学，苏州的文人墨客都很乐意与他交往，其中尤以吴云、潘伯寅、吴大瀓、陆廉夫、沈石友等人与他交谊尤笃，相互切磋，几无虚目。

所以说，吴昌硕在苏州的日子里学术修养明显提高，艺事也随之大进，这一切都离不开吴云、俞椒、杨岘等同乡前辈的提携关爱。

该邮票中的《梅花》1902年画于苏州；《篆刻》中上一方刻于苏州。

主题：《吴昌硕作品选》
邮票名：《吴昌硕作品选》
发行国家或地区：中国　　**志号：**T98
发行时间：1984年8月21日
全套枚数：8　　**与苏州相关枚数：**2
相关票名：《梅花》《篆刻》
关联内容：作者创作地

一级目录：文学艺术

邮票编号：50901

《吴作人作品》

我国著名画家吴作人1908年11月3日生于苏州，1926年入苏州工业专科学校建筑系，1927年至1930年年初先后就读于上海艺术大学、南国艺术学院美术系及南京中央大学艺术系，师从徐悲鸿先生，并参加南国新运动。早年攻素描、油画，功力深厚；间作国画富于生活情趣，不落传统窠臼。晚年后专攻国画，境界开阔，寓意深远，以凝练而准确的形象融合着中西艺术的深厚造诣。在素描、油画、艺术教育方面都造诣甚深。他在中国画创造方面更是别创一格，自成一家。1997年去世，享年90岁。

主题：《吴作人作品》

邮票名：《熊猫》

发行国家或地区：中国　　**志号：**特59

发行时间：1963年8月5日

全套枚数：3　　**与苏州相关枚数：**3

相关票名：《吴作人作品》

关联内容：作者出生地

一级目录：文学艺术

邮票编号：50902

《吴作人作品》

吴作人（1908—1997），江苏苏州人，是继徐悲鸿之后中国美术界又一领军人物。1984年被法国政府文化部授予“艺术与文学最高勋章”，1986年被比利时国王授予“王冠级荣誉勋章”。

主题：《吴作人作品》
邮票名：《熊猫》
发行国家或地区：中国　　**志号：**编57-62
发行时间：1973年1月15日
全套枚数：6　　**与苏州相关枚数：**6
相关票名：《吴作人作品》
关联内容：作者出生地

邮票编号：50903

《吴作人作品》

主题：《吴作人作品》
邮票名：《联合国教科文组织中国绘画艺术展览纪念》
发行国家或地区：中国　　　**志号：**J60
发行时间：1980年10月8日
全套枚数：3　　　**与苏州相关枚数：**1
相关票名：《牧驼图》
关联内容：作者出生地

一级目录：文学艺术

邮票编号：50904

《吴作人作品》

主题：《吴作人作品》
邮票名：《小熊猫》（小型张）
发行国家或地区：中国　　**志号：**T106
发行时间：1985年5月24日
全套枚数：1（小型张）
相关票名：《熊猫》
关联内容：作者出生地

邮票编号：50905

《吴作人作品》

主题：《吴作人作品》
邮票名：《当代美术作品选（一）》
发行国家或地区：中国　　**志号：**T141
发行时间：1989年9月1日
全套枚数：3　　　**与苏州相关枚数：**1
相关票名：《齐奋进》
关联内容：作者出生地

一级目录：文学艺术

邮票编号：51001

《南昌起义》

纪41《中国人民解放军建军三十周年》邮票一套4枚，图案均是油画作品。“南昌起义”，面值4分，采用莫朴的历史油画。这幅作品，是应解放军原总政治部文化部之约，为庆祝建军30周年而举办的军史画展和新建的中国人民军事博物馆而创作的。作者莫朴，1915年生，是著名油画家和美术教育家。20世纪30年代就读于苏州美专。

主题：《南昌起义》
邮票名：《中国人民解放军建军三十周年》
发行国家或地区：中国　　**志号：**纪41
发行时间：1957年8月10日
全套枚数：4　　**与苏州相关枚数：**1
相关票名：《南昌起义》
关联内容：作者就学地

邮票编号：51101

《沙家浜》

1968年1月30日发行了“革命文艺”邮票一套9枚，其中第5枚是京剧《沙家浜》，图案是该剧第9场“突袭”中阿庆嫂向郭建光介绍敌情的场景。第9枚是交响乐《沙家浜》，图案是在毛泽东文艺思想的光辉照耀下，中国乐团演奏的壮观场面。

主题：《沙家浜》
邮票名：《革命文艺》
发行国家或地区：中国　　**志号：**文5
发行时间：1968年1月30日
全套枚数：9　　**与苏州相关枚数：**2
相关票名：沙家浜
关联内容：事发地

第六部分

传 说 故 事

一级目录：传说故事

《牛郎织女》

苏州是中国著名的丝绸之府和纺织之乡。在悠久的历史长河中，无数默默无闻的织女（织娘）用灵巧的双手缫丝织绸（丝织）、纺纱织布（棉织），织出了水乡辉煌的农耕文明。她们是姑苏水乡的妇女代表，也是吴地手工业发达的历史见证。“牛郎织女”，是我国家喻户晓的四大民间传奇之一。如今已有文字记载和实物资料证明：牛郎织女故事的起源地，就在苏州的太仓。在太仓城厢镇南面，有一个叫“黎明村”的地方。以前，这里叫“黄姑塘村”。村中有一座古桥，桥面石板侧面隐约可见“黄姑塘桥”等字样。桥东面原来有一座厂房，其址即原织女庙旧址。织女庙始建于宋代，最初名“牛郎织女庙”。因为“黄姑”是牛郎（牵牛星）的别称，所以这座庙俗称“黄姑庙”，所在的村庄也跟着姓“黄姑”了。庙内供奉牛郎和织女塑像，受人们香火祭拜。后来，在庙宇东面十多里外的嘉定娄塘，另建了一座牛郎庙，把原来庙里的牛郎像也迁至新庙。因此原来的黄姑庙内只剩下织女像，故改称织女庙。两座庙之间隔着一条刘家港，成为现实生活中分隔牛郎织女的“人间天河”。

主题：《牛郎织女》
邮票名：《民间传说——牛郎织女》
发行国家或地区：中国　　**志号：**2010-2
发行时间：2010年8月16日
全套枚数：4　　**与苏州相关枚数：**4
相关票名：《盗衣结缘》《男耕女织》《担子追妻》《鹊桥相会》
关联内容：故事起源地

邮票编号：60101

1.20元
民间传说—牛郎织女 盗衣结缘
中国邮政 CHINA

民间传说—牛郎织女 男耕女织
中国邮政 CHINA
1.20元

1.20元
民间传说—牛郎织女 担子追妻
中国邮政 CHINA

1.20元
民间传说—牛郎织女 鹊桥相会
中国邮政 CHINA

一级目录：传说故事

邮票编号：60102

《牛郎织女》

主题：《牛郎织女》
邮票名：《宋词》
发行国家或地区：中国　　**志号：**2012-23
发行时间：2012年8月31日
全套枚数：6　　**与苏州相关枚数：**1
相关票名：《鹊桥仙》
关联内容：故事起源地

邮票编号：60103

《牛郎织女》

主题：《牛郎织女》
邮票名：《中国传统节日》
发行国家或地区：中国香港
发行时间：1994年6月8日
全套枚数：4　　与苏州相关枚数：1
相关票名：《七夕鹊桥相会》
关联内容：故事起源地

一级目录：传说故事

《牛郎织女》

主题：《牛郎织女》
邮票名：《传说与神话（十）——牛郎织女》
发行国家或地区：中国澳门　　　**志号：**特174
发行时间：2012年8月23日
全套枚数：6+1（小型张）　**与苏州相关枚数：**4
相关票名：《巧医灵牛》《智取仙衣》《男耕女织》
《强捉仙女》《银河相隔》《感动天帝》
《鹊桥相会》
关联内容：故事起源地

邮票编号：60104

064169
澳門郵政
CORREIOS DE MACAU
中國澳門
MACAU CHINA
牛郎織女
傳說與神話 十 — 牛郎織女
Lendas e Mitos X - O Pastor e a Tecelã
10.00
圓PTCS

一级目录：传说故事

《柳毅传书》

“柳毅传书”这一故事中所述的洞庭指何处、柳毅是何地人，历来说法不一，主要有两种说法：一说是湖南岳阳洞庭湖君山，柳毅是湖南人；一说是江苏吴县（今江苏苏州）太湖洞庭，柳毅是吴县人。而且两地都有遗迹可考。苏州的传说，除上述大意相同外，还有以下内容：柳毅家住苏州古城滚绣坊，龙女是太湖洞庭龙君的三公主。该书开头就说，儒生柳毅“应举下第，将还湘滨”，文中洞庭遂被理解为湖南岳阳的洞庭湖。然文中又有“将还吴，密通洞庭”之句。太湖古称洞庭，太湖之东山、西山，今仍称为洞庭东山、洞庭西山，故又被理解为吴地（苏州）太湖洞庭。

主题：柳毅传书
邮票名：《柳毅传书》
发行国家或地区：中国　　**志号：**2004-14
发行时间：2004年7月17日
全套枚数：4　　　　　**与苏州相关枚数：**4
相关票名：《龙女托书》《传书洞庭》
　　　　　《骨肉团聚》《义重情深》
关联内容：故事主角出生地

邮票编号：60201

一级目录：传说故事

邮票编号：60301

《卧薪尝胆》

越王勾践回国后，决心奋发图强，打败吴国，以洗刷这奇耻大辱，但恐时间一长会志气消磨，于是用柴草铺在地上睡觉，在室内悬挂一只苦胆，每逢饭前都先尝一尝苦味。同时整治内政，操练兵马。这就是“卧薪尝胆”。公元前478年，越国乘吴国发生饥荒时，大举进攻，攻入吴境，吴国灭亡，吴王夫差被越兵擒获，自杀身亡。

主题：卧薪尝胆
邮票名：《成语故事（二）》
发行国家或地区：中国　　**志号：**2010-9
发行时间：2010年4月18日
全套枚数：4　　**与苏州相关枚数：**1
相关票名：《卧薪尝胆》
关联内容：故事事发地

邮票编号：60302

卧薪尝胆

主题：卧薪尝胆
邮票名：《成语故事》
发行国家或地区：中国澳门
发行时间：2001年2月1日
全套枚数：4　　　**与苏州相关枚数：**1
相关票名：《卧薪尝胆》
关联内容：故事事发地

第七部分

城市发展

一级目录：城市发展

长江经济带

长江经济带覆盖上海、江苏、浙江、安徽、江西、湖北、湖南、重庆、四川、云南、贵州等11省市，面积约205万平方千米，占全国的21%，人口和经济总量均超过全国的40%。推动长江经济带发展是党中央做出的重大决策，是关系国家发展全局的重大战略。苏州是长江经济带中的重要城市之一。

邮票编号：70101

主题： 长江经济带

邮票名： 《长江经济带》

发行国家或地区： 中国　　　　**志号：** 2018-23

发行时间： 2018年8月26日

全套枚数： 6+1（小全张）　**与苏州相关枚数：** 2

相关票名： 《共抓大保护》（苏州太湖湿地）

关联内容： 相关题材

一级目录：城市发展

邮票编号：70201 70202

一带一路

2013年9月和10月中国国家主席习近平分别提出建设“新丝绸之路经济带”和“21世纪海上丝绸之路”的合作倡议，这就是“一带一路”。苏州是“一带”和“一路”的重要交会点，也是古丝绸的重要发源地和传承地之一。

主题： 一带一路
邮票名：《“一带一路”国际合作高峰论坛》
发行国家或地区： 中国　　**志号：** 2017-10
发行时间： 2017年5月14日
全套枚数： 1　　**与苏州相关枚数：** 1
相关票名：《“一带一路”国际合作高峰论坛》
关联内容： 相关地

主题： 一带一路
邮票名：《一带一路　共赢发展》
发行国家或地区： 中国　　**志号：** 个45
发行时间： 2017年6月11日
全套枚数： 1　　**与苏州相关枚数：** 1
相关票名：《一带一路　共赢发展》
关联内容： 相关地

邮票编号：70301

苏州工业园区

苏州工业园区位于苏州市城东，1994年2月经国务院批准设立，是中国和新加坡两国政府间的重要合作项目，被誉为“中国改革开放的重要窗口”“国际合作的成功范例”。苏州工业园区率先开展开放创新综合试验，成为全国首个开展开放创新综合试验区域。

主题：苏州工业园区
邮票名：《中国新加坡合作苏州工业园区成立十周年》
发行国家或地区：中国（与新加坡联合发行）　**志号：**2004-12
发行时间：2004年3月1日
全套枚数：1　**与苏州相关枚数：**1
相关票名：《圆融雕塑与金鸡湖楼宇》
关联内容：所在地

主题：苏州工业园区
邮票名：《中国新加坡合作苏州工业园区成立十周年》
发行国家或地区：新加坡（与中国联合发行）
发行时间：2004年3月1日
全套枚数：1　**与苏州相关枚数：**1
相关票名：《圆融雕塑与金鸡湖楼宇》
关联内容：所在地

一级目录：城市发展

邮票编号：70401

苏通长江公路大桥

苏通长江公路大桥跨越长江，连接苏州的常熟和南通两座城市。其在建造过程中创造了最深桥梁桩基础、最高索塔、最大跨径、最长斜拉索等4项斜拉桥世界纪录。邮票突出了苏通大桥的磅礴与美丽，大桥两端的南通狼山和常熟虞山门也被绘入其中，两山遥遥相望，格外壮观。

主题： 苏通长江公路大桥
邮票名：《苏通长江公路大桥》
发行国家或地区： 中国　　**志号：** 2008-8
发行时间： 2008年4月12日
全套枚数： 2　　**与苏州相关枚数：** 2
相关票名：《苏通长江公路大桥》
关联内容： 所在地

邮票编号：70501

京沪高铁

京沪高铁途经苏州。苏州的产业布局明显具有“沿沪”“沿江”“沿湖”等特点，而随着京沪高铁的建成投运，一个“沿高”经济带也已经形成。

主题：京沪高铁
邮票名：《京沪高速铁路通车纪念》
发行国家或地区：中国　　**志号：**2011-17
发行时间：2011年6月30日
全套枚数：1　　**与苏州相关枚数：**1
相关票名：《京沪高速铁路通车纪念》
关联内容：相关地

第八部分

特 色 花 果 动 物

一级目录：特色花果动物

桂花

桂花是苏州市的市花，苏州人也称之为木樨花。桂花在苏州有非常悠久的栽培历史，1959年，苏州选送了350盆桂花精品装点北京天安门观礼台，苏州桂花从此声名远播。

邮票编号：80101

主题：桂花

邮票名：《桂花》

发行国家或地区：中国　　志号：1995-6

发行时间：1995年4月14日

全套枚数：4+1（小全张）与苏州相关枚数：5

相关票名：《金桂》《银桂》《丹桂》《四季桂》

关联内容：相关题材

一级目录：特色花果动物

邮票编号：80201

杂交水稻

苏州历来是水稻的优势产区，是中国重要的水稻产区，素有“鱼米之乡”的美誉。水稻一直是苏州的重要农产品，俗称“苏湖熟、天下足”，指的是苏州、湖州丰收，天下人的食物就都充足了。

主题：杂交水稻
邮票名：《杂交水稻》
发行国家或地区：中国　　**志号：**2013-29
发行时间：2013年10月25日
全套枚数：2　　**与苏州相关枚数：**2
相关票名：《制种》《丰收》
关联内容：所在地

邮票编号：80301

水果

苏州凤凰水蜜桃已有近70年的栽培历史。以其形美、色艳、味佳、肉细、皮韧易剥、汁多甘厚、味浓香溢、入口即化等特点而驰名中外。苏州水蜜桃的品种很多，较优良的品种有7个，其中早熟的“雨花露”、中熟的“白凤”和晚熟的“白花”水蜜桃为最佳。

主题：水果
邮票名：《水果（一）》
发行国家或地区：中国　　**志号**：2014-15
发行时间：2014年7月15日
全套枚数：4　　**与苏州相关枚数**：1
相关票名：《桃》
关联内容：盛产地

一级目录：特色花果动物

邮票编号：80401

华南虎

中国华南虎苏州培育基地，坐落在苏州市上方山森林动物世界内。截至2015年6月，中国华南虎苏州培育基地共有华南虎15只。

主题：华南虎
邮票名：《华南虎》
发行国家或地区：中国　　**志号：**2004-19
发行时间：2004年8月23日
全套枚数：2　　**与苏州相关枚数：**2
相关票名：《华南虎》
关联内容：国家级培育基地

参考文献：
《中华人民共和国邮票目录》（人民邮电出版社）
《斯科特标准邮票目录》（美国斯科特出版公司）
《苏州邮缘》（周治华编著，古吴轩出版社）

一半是回忆 一半是继续

——我的少年集邮

郑 炜

怀旧是人的本能，回忆会给人带来思考的空间。

小时候藏进什么，长大就能摸到什么，少时一个不经意的举动，往往会影响你的一生。的确如此，一枚枚邮票伴随着我已经走过许多个日日夜夜，而且必定将成为我的终身爱好，集邮给我带来的快乐是谁都无法体会到的。

❶

我的哥哥，比我大6岁。在我印象中，儿时的他总是在外面天马行空到处玩。记得7岁那年，他送给了我一本很小的邮票册，红色的封面，里面夹满了邮票，至于哥哥是从啥时开始有这个耐心收集邮票的，又是怎么收集到这么多邮票的，我一点印象也没有，估计他自己也记不清了，而恰恰是他的这个举动，使得集邮成为我人生的重要组成部分。

用“如获至宝”来形容当时我对这本邮票册的感觉一点也不为过。我把邮册放在枕头边，每天晚上都要看一遍，记忆中这册子里的邮票有“齐白石”“奔马”，还有“西游记”。直到有一天，我把邮册带到学校里炫耀给同学看的那天，邮票册突然不见了，我找啊找啊，心急如焚，最终还是没有找到，有同学告诉我可能是被谁谁“偷”走了（就是那时起，我才知道世界上有“小偷”的存在）。我哭着回家，到了家门口又不敢进门，生怕被责骂，就折回学校，在离学校不远的花坛边坐到了日落，直到眼泪哭干了，把整册邮票回忆了一遍又一遍后才想到了回家。至今我的哥哥还不知道邮册被“偷”的事情，一瞒就30多年，邮册是谁“偷”的至今仍是个谜，但是这本邮册的封面、册子里的邮票，还有那天的心情、场景我依然记忆犹新，仿佛这件事情就发生在昨天。那年我8岁。

我真舍不得那本邮册。那件事后我开始了邮票的收集，小巷里每家收到的信我都会去“揭”邮票，到最后发展到跟着邮递员挨家挨户地送信，目的就是要得到那张贴在信封上的邮票。

❷

记得那些年，我的父亲经常会把单位里的信封带回来，然后我就开始用清水把邮票洗下来，父亲看我这么痴迷于邮票， 有一天他告诉我单位里还留着2张“文革”时期的邮票没有寄掉，一直夹在他的笔记本里，并答应我隔天下班带回。第二天放学后，我把小桌子、小椅子搬到了家门口，装模作样的在做回家作业，其实是在等父亲回家，更重要的是那2枚邮票。果然他带回来了2枚连在一起的“毛泽东诗词”邮票，印象中是长长的“七律《长征》”，那时我打心眼里谢谢我的父亲，那2枚邮票也成为我在集邮同学中“炫耀”的资本。记得我有个表哥当年寄宿在我家，他在银行工作，每天都能收到很多带邮票的信封，他给我邮票的前提是每天替他买“大饼油条”（苏州人最爱的早餐）才能换取他的4枚邮票，就那以后，我再也没有睡过懒觉，每天赶在他起床前给他买好早餐，然后他会“恩赐”我4枚邮票，直到有一天，我发现他的包里早就装好很多带有邮票的信封，每天只给我4枚，这样他就能天天“套”住我，看穿他这个“小伎俩”的同时也终止了我们之间的“合同”。

我买的第一套全新邮票是T103《梅花》，那是1985年的事情。那天，父母带我第一次去了位于苏州乐桥的邮票公司门市部，柜台上展示着几套刚刚发行的新邮票，因为父母都在公家单位，当时的工资微薄，所以我也不好意思提出要买这套邮票，我看啊看啊，只当是欣赏、解馋，母亲突然说，你挑一套吧，我被这突如其来的“好事”给愣住了，有点不敢接受，便装作镇定地问“要一块多钱可以吗？”，从小宠我的母亲当然是一口答应，我也毫无准备地得到了第一套“买”的邮票，从此以后，这个邮票门市部就成为我平时零用钱的“归宿”。那年我12岁。

❸

说实话，20世纪80年代的孩子，课余生活是很单调的，集邮就成了很多孩子的唯一爱好，我就是其中的一个。记得我就读的苏州市平直中心小学时任校长，也是个邮迷，因此学校成立了红领巾集邮小组，由校长亲自负责。集邮小组每周活动一次，活动内容也算丰富，自己动手做集邮册，搞集邮知识竞赛，交换邮票等，印象中当时发行的《少年集邮》杂志编辑部还到我们学校采访过。大概是三年级那年，校长想利用学校的橱窗搞一次邮票展览，我连夜“加班”，用自己收藏的信销票拼成“集邮”2个大字在橱窗里展示，当时算是非常有创意的了，这是我的第一部集邮作品。

初中那段日子，我集邮更是疯狂。苏州市第一中学成立了集邮协会，学校选我担任了首任理事长，出了会刊《一中集邮》，会刊是油印的，刊名是请著名书法家、时任苏州市政协副主席的谢孝思题写的。学校还办了邮展，集邮活动热火朝天。苏州市少年集邮协会于1989年6月1日在我们学校成立，当时的苏州市委副书记周治华、副市长周大炎出席了成立大会，我被推选为全市唯一的学生集邮代表和理事候选人，并在主席台就坐，直到现在，苏州市集邮协会副会长汪日荣每每谈到此事，都会说我从学生集邮到现在取得这么多集邮成绩，真是不容易。那时我16岁。

还有一个不得不说的人，就是班主任吴月月老师。由于她担心我集邮走火入魔而影响了成绩，又马上面临着中考，所以时常善意地“阻止”我集邮。苏州市少年集邮协会成立时，孙传哲先生特意为我们设计了一个纪念封，非常漂亮，我把分到的唯一的一枚纪念封寄给了吴月月老师，自己也没有留。时隔20多年，有一天，专门收集苏州集邮史邮品的赵正匡邮友告诉我，他在旧书市场上买到了我在中学时寄给老师的一个封，老师的名字叫“吴月月”（图1），我为之一震，一来，苏州市少年集邮协会的成立纪念封我已经寻觅了很多年了，一直没有买到；二来这个封是我少年集邮的最好佐证，是一段最美好的回忆。赵正匡看出我的心思，过几天就把这个封赠送给了我，拿到的瞬间，中学时代的集邮场景又一幕一幕在我眼前浮现。我不知道这个封怎么会流到旧书市场，难道是我的老师把她所有的书都卖了吗？！

两年后的一天，母校苏州市一中的校长周祖华邀请我为全校师生讲一节集邮知识课，这节课苏州市教育局也非常重视，多位领导参加了听课，并邀请了著名集邮家、国际邮展评审员陈为乐和常珉先生一同观摩我的集邮公开课。当我问起将近退休的吴月月老师近况时，周校长告诉我，她已经在两个月前去世了，而且带病坚持上课直到生命最后之时。我心情无比悲痛，没有

图1

在母校最后见到我的恩师，没有让恩师能听到她的学生站在当年教室的讲台上讲课。那天，我展示了这个对于我来说非常珍贵的实寄封，在场的很多师生听我讲述着这个动人故事时都流泪了，我无限感激和无比怀念我的老师，祝她在天堂快乐！

❹

逝水如斯，淡漠了往事，而母校让我与集邮结缘的时光却依然清晰。当年在母校，轻松的少年生活得以有大量的课余时间供自己支配，喜欢并疯狂地迷上邮票，集邮写作也是那时开始的。《一中集邮》每期都有我的集邮文章，不过刊物现在已经找不到了。而留存在苏州市集邮协会资料室的《苏州集邮》报上还能够找到一些，其中最早的一篇是1989年第6期的《大家都来关心青少年集邮》（图2），现在读来文风略显稚嫩，但对于一个十多岁的孩子来说，已经能意识到青少年集邮的重要性了，现在连我自己都不敢相信。

从童年算起，我的集邮生涯超过30多个年头了，婚后妻子也特别支持，这些年我一直默默地做着同一件事情，那就是集邮。集邮让我学到知识，让我享受到畅游邮海的欢乐，更让我树立了憧憬未来的心和一份面对未来的勇气！不久前，我在南通主持了全国首届青少年生肖集邮联谊活动，曾发自肺腑地对来自全国各地的集邮老师说：你们从事集邮教育事业，是一件能影响学生一辈子的好事，你们功德无量！

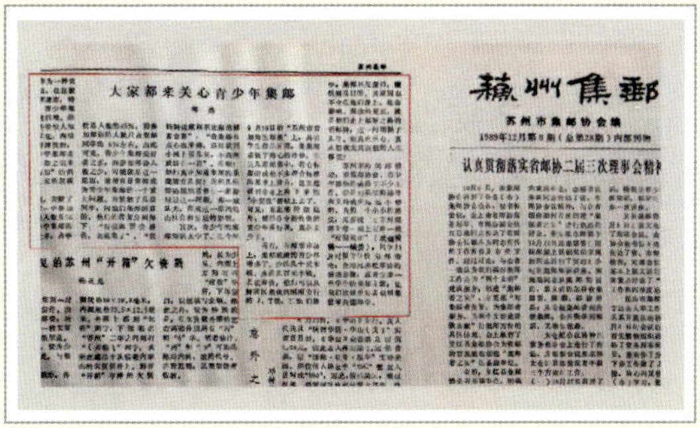
大家都来关心青少年集邮

苏州集邮

苏州市集邮协会编

认真贯彻落实省邮协二届三次理事会精神

图2

❺

最后，想告诉大家：5岁的儿子也喜欢上了花花绿绿的邮票，他已经拥有了500多枚世界各国的飞机邮票，看着他欣赏邮票的神态，仿佛又看到了我童年的影子。我真幸福！

（本文写于2012年12月12日，发表于《集邮报》）

图书在版编目（CIP）数据

邮票上的苏州 / 郑炜编著. -- 苏州 : 苏州大学出版社, 2021.11
ISBN 978-7-5672-3744-5

Ⅰ.①邮… Ⅱ.①郑… Ⅲ.①邮票－中国－图集②苏州－概况 Ⅳ.①G262.2-64②K925.33

中国版本图书馆CIP数据核字(2021)第223904号

邮票上的苏州
YOUPIAO SHANG DE SUZHOU

郑炜　编著
责任编辑　周凯婷

苏州大学出版社出版发行
(地址: 苏州市十梓街1号　邮编: 215006)
苏州工业园区美柯乐制版印务有限责任公司印装
(地址: 苏州工业园区东兴路7-1号　邮编: 215021)

开本 787 mm×1 092 mm　1/16　印张 15.75　插页 4　字数 202 千
2021年11月第1版　2021年11月第1次印刷
ISBN 978-7-5672-3744-5　定价: 128.00元

若有印装错误, 本社负责调换
苏州大学出版社营销部　电话: 0512-67481020
苏州大学出版社网址　http: //www.sudapress.com
苏州大学出版社邮箱　sdcbs@ suda.edu.cn